安徽财经大学服务安徽经济社会发展系列研究报告 2019

安徽财政发展研究报告 2019

储德银　罗鸣令　著

合肥工業大學出版社

编 委 会

安徽财经大学科研工作始终坚持立足安徽做学问、服务安徽出成果，特别重视立足地方和行业需求构建多层次智库平台。安徽经济社会发展研究院是安徽财经大学设立的研究安徽经济社会发展的专门研究机构，拥有安徽省人文社科重点研究基地、省级协同创新中心、省教育厅智库和安徽省重点智库四个省级科研平台。这些平台优化资源配置、聚合科研力量，鼓励和引导教师围绕安徽省委省政府的重大发展战略选题，深入研究安徽经济社会发展中的重点、热点和难点问题，着力破解制约安徽地方经济社会发展的重大理论和现实问题，为建设特色鲜明的地方高水平财经大学提供了有益的智力支持，取得了较为丰硕的成果并积累了丰富的经验。安徽经济社会发展研究院努力实现在安徽经济发展方面的理论基础、政策研究与实践应用的紧密结合，打造成为立足安徽、面向全国的财经智库。

安徽财经大学每年出版的服务安徽经济社会发展系列研究报告是由安徽经济社会发展研究院组织相关学院的专、兼职研究人员编写出版。我校 2006 年公开出版服务安徽经济社会发展的首部研究报告——《安徽经济发展报告》，2007 年《安徽省县域经济竞争力报告》发布，2010 年《安徽省贸易发展研究报告》出版发布，形成我校服务安徽经济社会发展的三大品牌报告。至 2019 年，年度研究报告增至十部，主要包括：《安徽生态文明建设发展报告 2019——新安江生态补偿机制专题报告》《安徽投资发展研究报告 2019》《安徽贸易发展研究报告

2019》《安徽劳动就业与社会保障发展报告 2019》《安徽城市发展研究报告 2019》《助力乡村振兴——安徽农产品加工业发展研究报告 2019》《安徽财政发展研究报告 2019》《安徽县域经济竞争力报告 2019》《安徽养老服务业发展报告 2019》《安徽经济发展研究报告 2019》等。

安徽财经大学服务安徽经济社会发展系列研究报告坚持稳定、控制数量、不断提升质量的指导思想，通过进入退出机制、激励机制、分级分类机制、合作机制、运行机制、评价机制和发布机制的改革，政策影响力和媒体影响力日益扩大。2016 年，安徽经济社会发展研究院成功入围中国智库索引首批来源智库，并获大学智库指数排名中的普通高校第一名。根据《中国智库索引（CTTI）2018 年发展报告》，2018 年安徽经济社会发展研究院入选 CTTI 高校智库百强榜。

纵观这十部研究报告可以看出，报告的组织者与撰写者都付出了辛勤的劳动和不懈的努力。当然，我们也清醒地认识到，报告还存在这样或那样的缺点，与政府部门领导和社会各界对我们的期望还有相当大的差距，学校应当在智库建设方面做得更多、更好。我们坚信，只要坚持走下去，只要继续得到社会各界的关心和帮助，系列研究报告一定会越做越好！学校的智库建设也将结出更多的硕果！

安徽财经大学党委书记、校长　丁忠明

2019 年 4 月 20 日

《安徽财政发展研究报告2019》是安徽财经大学服务安徽经济社会发展的系列研究报告之一。本报告根据安徽省财税部门、宏观经济管理部门和统计机构发布的经济社会运行数据和工作情况介绍等相关资料撰写，力图对安徽财政、税收以及其他财税热点进行宏观考察和分析，全方位揭示安徽财政收支规模状况、结构特点；选取关乎安徽财政发展的深度贫困地区脱贫攻坚战、PPP发展、安徽地方政府债券、乡村振兴以及2018年安徽税收收入质量报告等若干重大问题，进行专题性研究和探讨，为促进安徽财政的进一步发展和完善提供政策参考和建议。

2018年，是全面贯彻党的十九大精神的开局之年。全省人民在党中央、国务院及中共安徽省委省政府的坚强领导下，坚持以习近平新时代中国特色社会主义思想为指导，坚持稳中求进的工作总基调，按照高质量发展要求，深入推进供给侧结构性改革、持续加强创新驱动、大力实施乡村振兴和区域协调发展战略，财政收入能力持续增强。

2018年，安徽财政收入呈现逐步增长的态势，财政收入总量达到5363.3亿元，较1978年增长237.4倍。2018年，地方财政收入3048.7亿元，比上年同期增长8.4%。在全部财政收入中，税收收入4419亿元，同比增长11.9%。增值税增长12.6%，企业所得税增长22.3%。在地方财政收入中，2018年税收收入累计完成2180.7亿元，增长10.7%。

2018 年，安徽省财政支出累计完成 6572.1 亿元，比 2017 年同期增长了 5.9%。支出规模排前五位的事项依次是教育、城乡社区事务、社会保障与就业、农林水事务、医疗卫生与计划生育。

2018 年，安徽省财政持续推进精准脱贫工作，打响深度贫困地区的脱贫攻坚战。2018 年，安徽省的贫困发生率由 2017 年的 2.22%降至 0.93%，18 个贫困县摘帽、725 个贫困村出列、72.6 万贫困人口脱贫的年度目标如期实现。2018 年，安徽省 9 个深度贫困县共争取省级财政专项扶贫资金 79798 万元，实现 21.4313 万贫困人口脱贫。

2018 年，安徽省纳入全国 PPP 综合信息平台管理库的项目有 448 个，投资总额达到 4996.21 亿元。其中，落地项目数 305 个，居全国第二位，投资总额为 2927.66 亿元；落地率为 68.08%，高于全国平均水平 13.87 个百分点。安徽省 PPP 投资已然是“稳增长、促改革、调结构、惠民生的重要抓手”，也是供给侧结构性改革的重要抓手。

2018 年，安徽省累计发行政府债券 2247.9 亿元，是 2015 年启动自发自还债券工作以来发行额度最高的一年。在发行期数方面，2018 年安徽省总共发行了 28 期地方政府债券，与 2017 年的发行期数一致。2018 年，安徽省共发行 5 期专项债券，总额达到 817.1 亿元，对缓解地方财政压力、控制地方政府债务的规模、化解地方执法债务风险、完善配套制度、处理存量债务以及在建项目持续性融资方面发挥着重要作用。

本书由储德银、罗鸣令担任主要著作者。参与编写的人员有：储德银、余红艳（第一章），李冬梅（第二章），罗鸣令、吴欣（第三章），杨彤（第四章），杨晓妹、常晓素（第五章）、郑洁（第六章），崔志坤（第七章）。全书由储德银、罗鸣令进行修改统稿。在本书写作过程中，安徽财经大学分管领导和学校科研处领导给予了大力的支持，校内专家和财政部门专家为书稿的完善提出了宝贵的意见和建议，本研究项目还得到了安徽省财政、税务系统有关领导的关注和支持，合肥工业大学出版社为本书出版做了大量的工作，在本书出版之际，谨此一并致谢！

储德银　罗鸣令

2019 年 4 月

MU LU

第一章　安徽省财政收入分析

2017—2018 年，全省上下以习近平新时代中国特色社会主义思想为指导，深入贯彻新发展理念，强化高质量发展要求，以推动财税制度供给侧结构性改革为主线，以强化创新驱动战略促进结构转型，防范化解重大风险，保持财政收入可持续健康发展。

2017—2018 年，安徽省经济运行总体平稳，经济结构逐步优化，各项财税改革有序推进。与此同时，面临复杂多变的经济形势和艰巨的改革任务，安徽省各级财政部门按照财政部和省委省政府关于全面深化财税改革的目标导向，以财税收入调控促进重点领域突破，带动整体经济结构改革，提高财政分配效率，形成“财政—经济”良性循环的发展局面。

第一节　安徽省财政收入发展历程

2017 年以来，全省财税工作突出经济结构调整的逻辑主线，逐步适应经济高质量发展新趋势，在中央实施的财税改革与政策指引下，总体财政经济持续稳定前行。在全面建成小康社会的决胜阶段，全省财政收入增长仍保持稳中有进的态势，持续实现了“收入有效增长，质量有序提升”的财政收入发展目标。

一、改革开放以来安徽省财政收入概况

改革开放以来，全省财政收入呈现逐步增长的态势，财政收入总量累计从 1978 年的 22.5 亿元增加到 2018 年的 5363.3 亿元，40 年间增长了 237.4 倍，其中，1994 年分税制改革后，安徽财政收入进入了

快速增长期，2007 年安徽省财政收入突破 1000 亿元，2010 年上升至 2063.8 亿元，2012 年突破 3000 亿元，2015 年突破 4000 亿元（图1－1），2018 年全省财政收入达到 5363.3 亿元，同比增长 10.4%（图 1－2）。

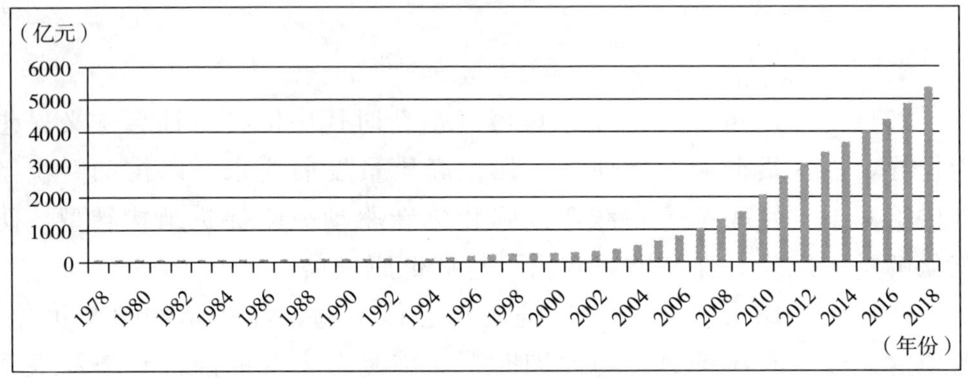

图 1－1 改革开放后安徽省的财政收入

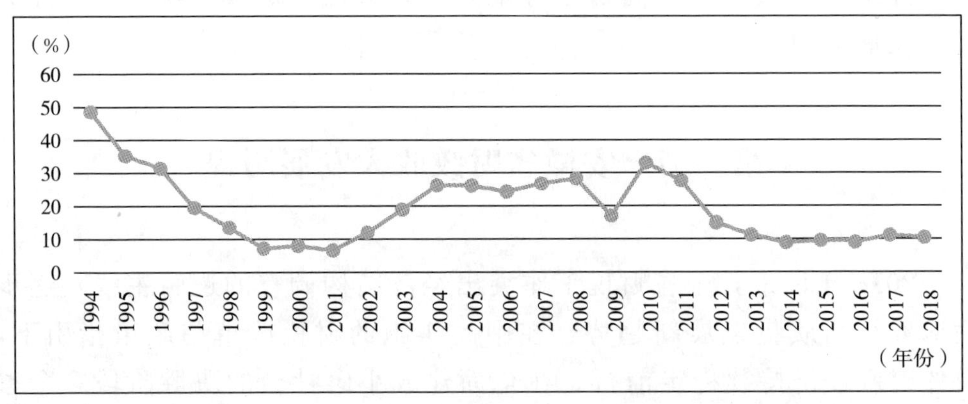

图 1－2 1994—2018 年安徽省财政收入增长率

1994—2001 年全省财政收入增长率明显下降，其中，1999 年之前降幅显著。2002—2004 年财政收入增长率开始迅速回升，此后一直处于稳步增长状态，2009 年后受国内外经济冲击的影响，财政收入增长率明显回落，2010 年增长速度又再创历史新高，高达 33%。2011 年以后，增速开始大幅度回落，由 2011 年的 27.6%骤降至 2012 年的

14.9%，2014 年为 8.9%，继 1999 年后首次出现个位数增长状态，2015 年增速为 9.5%，2016 年增速为 9%，2017 年增速有所上升，达到了 11.1%，2018 年为 10.4%。

二、1994 年分税制改革后安徽省财政收入及增长情况

1994 年，以振兴国家财政为目标的分税制是安徽省财政收入发展的分水岭。受制于初始背景下经济发展的约束，安徽省财政收入在 1995 年就开始出现增长的可喜迹象，分税制财政体制红利开始释放，安徽省财政收入总量累积显著。在绝对指标的表现上，安徽省财政收入连年增长，其中，中央财政收入和地方财政收入也呈现逐年攀升的态势。

源于财税体制的动态微调，财政收入的内部格局也略微有变化，但总体上，中央财政收入占财政收入的比重相对稳定，大多维持在 40%～45%的区间水平，2012 年后中央财政收入逐渐回落到 35%左右，地方财政收入占财政收入的比重维持在 52%～62%的区间水平。2017—2018 年受税收政策与财税体制调整的影响，中央财政收入所占比重分别上升至 42.1%、43.2%，见表 1-1 所列。

表 1-1 1994—2018 年安徽省财政收入及增长情况

年份	财政收入（亿元）	增长率（%）	中央财政收入			地方财政收入		
			收入（亿元）	增长率（%）	占比（%）	收入（亿元）	增长率（%）	占比（%）
1994	108.8	48.6	54.1	—	49.7	54.7	—	50.3
1995	147	35.2	63.2	16.8	43	83.8	53.2	57
1996	193.1	31.4	78.5	24.2	40.7	114.6	36.8	59.3
1997	230.8	19.5	90.3	15	39.1	140.5	22.6	60.9
1998	262.1	13.5	102.9	14	39.3	159.2	13.3	60.7
1999	280.8	7.2	106.6	3.6	37.9	174.3	9.5	62.1
2000	290.4	8	111.7	4.8	38.5	178.7	2.5	61.5
2001	309.5	6.6	117.4	5.1	37.9	192.2	7.6	62.1

（续表）

年份	财政收入（亿元）	增长率（%）	中央财政收入			地方财政收入		
			收入（亿元）	增长率（%）	占比（%）	收入（亿元）	增长率（%）	占比（%）
2002	346.6	12	146.4	24.7	42.2	200.2	4.2	57.8
2003	412.3	18.9	191.5	30.8	46.5	220.7	10.2	53.5
2004	520.7	26.3	218.8	14.3	42	274.6	24.4	52.7
2005	656.5	26.1	277	26.6	42.2	334	21.6	50.9
2006	816.5	24.4	329.9	19.1	40.4	428	28.1	52.4
2007	1034.7	26.7	424.2	28.6	41	543.7	27	52.5
2008	1326	28.2	527.9	24.4	39.8	724.6	33.3	54.6
2009	1551.3	17	618.1	17.1	39.8	863.9	19.2	55.7
2010	2063.8	33	831.8	34.6	40.3	1149.4	33	55.7
2011	2632.8	27.6	1052.1	26.5	40	1463.6	27.3	55.6
2012	3026	14.9	1078.2	2.5	35.6	1792.7	22.5	59.2
2013	3365.1	11.2	1142.3	5.9	33.9	2075.1	15.8	61.7
2014	3663	8.9	1284	12.4	35.1	2218.4	6.9	60.6
2015	4012.1	9.5	1339.3	4.3	33.4	2454.2	10.6	61.2
2016	4373	9	1700	26.9	38.9	2673	8.9	61.1
2017	4858	11.1	2038	19.9	42.1	2812	7.9	57.9
2018	5363.3	10.4	2314.6	13.6	43.2	3048.7	8.4	56.8

注：中央财政收入与地方财政收入均指本级财政收入。2018 年安徽省中央财政收入是根据安徽省统计局网站全部财政收入与地方财政收入相减得到。且 2018 年安徽省全部财政收入和地方财政收入数值来自《安徽省 2018 年国民经济和社会发展统计公报》。

资料来源：安徽省统计局网站的相关资料。

经济增长是财政收入增长的源泉，安徽省财政收入与经济增长的变化状况，可以通过以下三个相对指标来判定。

第一，增长速度指标，即通过财政收入增长率与 GDP 增长率的比较分析，直观准确地反映安徽省财政收入的变化。

第二，财政集中度指标，即财政收入占 GDP 的比重。财政收入占 GDP 的比重既可以反映财政的集中度，即在 GDP 初次分配中财政集中的比重，体现政府、企业与居民之间的国民收入分配格局，也可以反映财政收入与经济总量的匹配度，财政收入在经济总量中的配置比例是否适当。一般来说，随着政府职能的不断健全，财政收入占 GDP 的比重逐步提高，当政府职能趋于完善后，这一指标会基本保持稳定。

第三，弹性，即财政收入对 GDP 的弹性指标，着力反映财政收入与 GDP 是否同步及协调程度，从弹性的角度可以清楚地了解财政收入变动的经济因素。

从整体来看，如图 1-3 所示，1994—2018 年，安徽省财政收入增长率多数年份高于 GDP 增长率。1994 年分税制改革后，安徽财政收入开始快速增长，增长率一度高达 48.6%。但 1998 年后，受亚洲金融危机的外部影响，财政收入增长放缓。1999—2001 年财政收入增长率下降为 7.2%、8%和 6.6%。2002 年经济实现“软着陆”后，安徽省财政收入增长率开始反弹，由 2001 年的 6.6%稳步上升为 2010 年的 33%，显著高于 GDP 增长率。2010 年后，我省经济发展下行压力突出，财政收入增长速度放缓，2012 年后，出现了财政收入增长率低于 GDP 增长率的情况。2014 年，财政收入增长率低于 10%，为 8.9%。

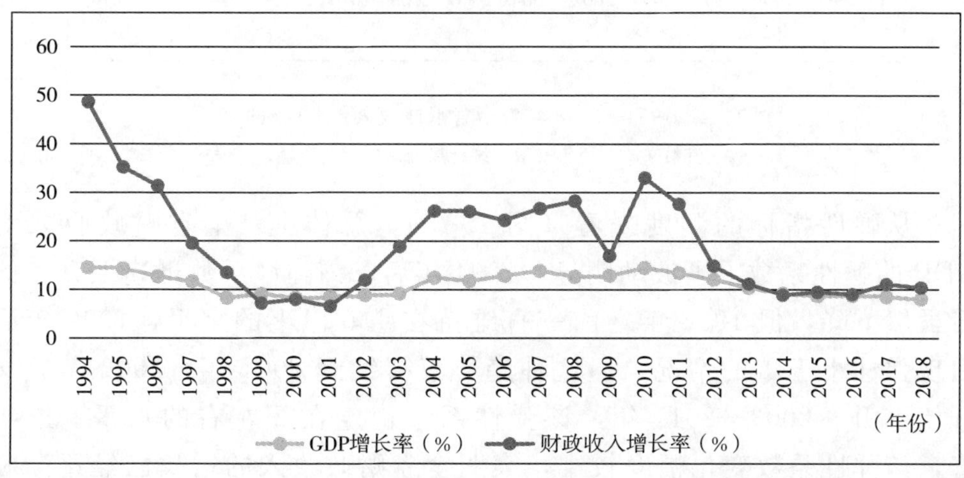

图 1-3. 1994—2018 年安徽省财政收入增长率及 GDP 增长率的比较

资料来源：安徽省统计局发布的相关资料。

2016 年，财政收入同比增长 9%，比 GDP 增速高 0.3 个百分点。2017 年两者差距又进一步拉大，相差 2.6 个百分点，2018 年两者相差 2.4 个百分点。

如图 1-4 所示，1994—1998 年，全省财政收入占 GDP 的比重呈现逐步上升的态势，2001 年和 2002 年略微下降，2003 年又逐渐回升并趋于稳定。2003 年财政收入占 GDP 的比重突破 10%，2008 年突破 15%，2012—2014 年，该比重维持在 17.5%左右。财政收入占 GDP 的比重由 1994 年的 7.3%上升到 2018 年的 17.9%，安徽省财政收入增速较为强劲。

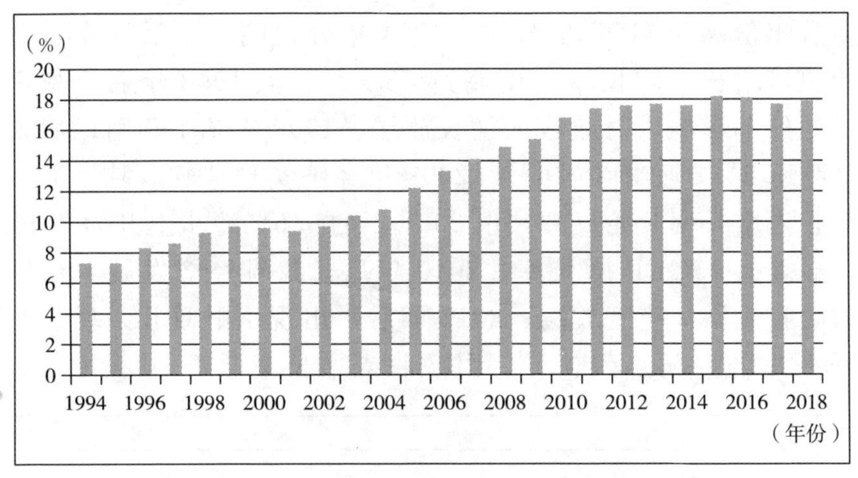

图 1-4 1994—2018 年安徽省财政收入占 GDP 的比重

资料来源：历年安徽省统计局网站的相关资料。

从弹性指标的测度来看（图 1-5），总体上，全省财政收入对 GDP 的弹性系数上下波动明显。1994 年后，该弹性系数迅速上升，此后虽然下降，但 1998 年之前一直维持在 1.5 以上的水平，1999 年后出现弹性小于 1 的情况，但这种趋势仅持续到 2001 年，2002 年后又开始上升。2003—2011 年，该弹性系数稳定在 2 左右的水平。近年来，该弹性系数变化幅度较小，表明全省财政收入的增长已经逐渐和经济增长保持了较为稳定的关系。2018 年弹性系数上升为 1.3，反映财政收入增速高于 GDP 增速。

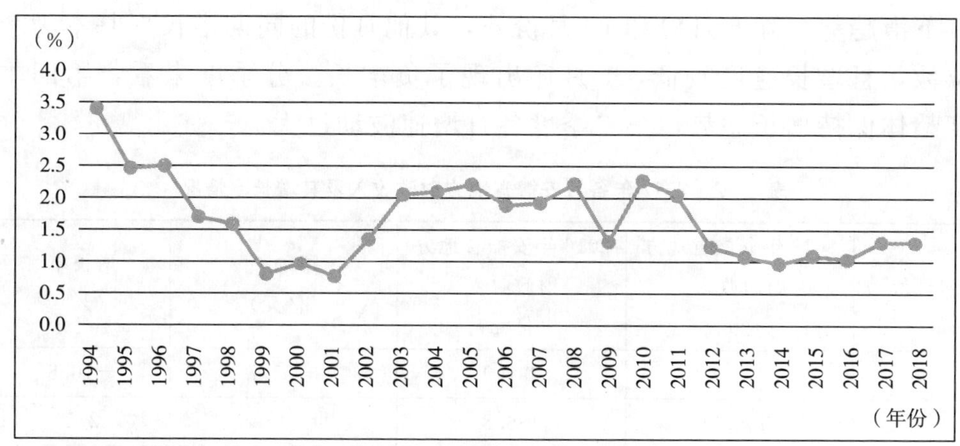

图 1-5 1994—2018 年安徽省财政收入对 GDP 的弹性

第二节 2017—2018 年安徽省地方财政收入规模分析

2017—2018 年，安徽财政能力建设成效显著，地方财政收入规模的适度发展和人均财力的有效增长，为政府公共物品和服务供给提供了重要的保障。另有，区域财政整体向好，县域经济发展形势持续向好，区域发展的均衡性和协调性增强。

一、2017 年安徽省地方财政收入规模

2017 年，安徽省财政收入完成 4858 亿元，比上年增长 11.1%，其中地方财政收入为 2812 亿元，比上年同期增长 7.9%。全部财政收入中，税收收入为 3949 亿元，增长 12.9%。其中，增值税和营业税增长 9.5%，企业所得税增长 18.4%。在地方财政收入中，税收收入累计完成 1970.3 亿元，比上年同期增长 6.1%。非税总收入累计完成 841.8 亿元，比上年同期增长 3.3%。

表 1-2 中的数据显示了 2017 年各月安徽省地方财政收入及其增

长率情况。从整体来看，2017 年安徽省地方财政收入增速较 2016 年有下滑趋势。除 6 月份和 10 月份外，其他月份的同期增长率基本为个位数，且增长速度较低，1 月还出现了负增长。分季度来看，第四季度整体保持增长态势，第二季度各月增速波动过大。

表 1-2　2017 年各月安徽省地方财政收入及其增长率情况

月份	2017 年安徽省地方财政收入（亿元）	2016 年安徽省地方财政收入（亿元）	增加额（亿元）	增长率（%）
1	296.2	331.9	−35.7	−10.8
2	190.8	186.8	4	2.2
3	246.2	225.8	20.4	9
4	264.3	259.5	4.8	1.8
5	245.9	238.5	7.4	3.1
6	271.2	219.2	52	23.7
7	252.9	237.2	15.7	6.6
8	200.9	191.5	9.4	4.9
9	221.5	214.8	6.7	3.1
10	234.7	205.9	28.8	14
11	184.4	170.4	14	8.2
12	203.6	191.4	12.2	6.4

资料来源：安徽省统计局网站的相关数据。

图 1-6 反映的是 2017 年安徽省地方财政收入同比增长情况。累计来看，其中 1—12 月份的地方财政收入为 2812 亿元，增长 7.9%。我省地方财政收入增速放缓，随着经济结构调整进入“深水区”，地方财政收入增速趋缓的常态特征基本明朗化。

二、2018 年安徽省地方财政收入规模

2018 年，安徽省地方财政收入为 3048.7 亿元，比上年同期增长 8.4%。

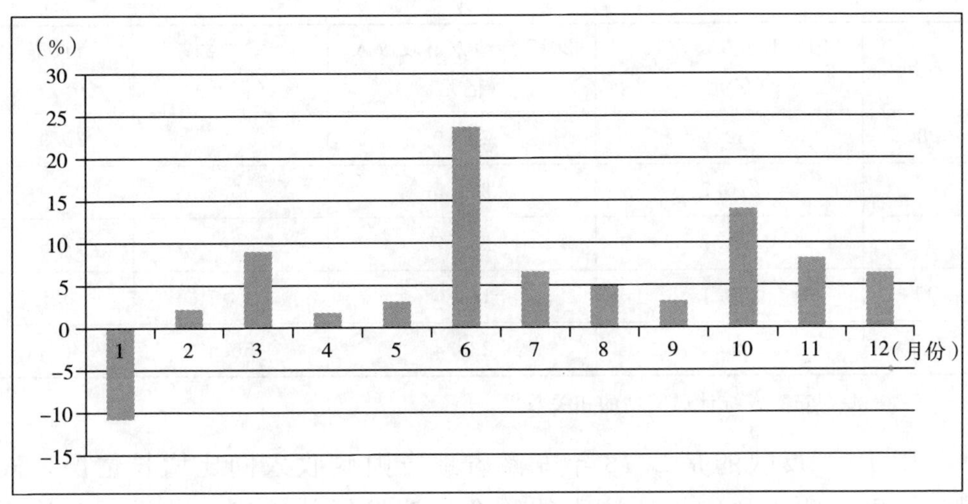

图 1-6　2017 年安徽省地方财政收入同比增长情况

资料来源：安徽省财政厅和安徽省统计局网站的相关数据。

表 1-3 中的数据显示了 2018 年各月安徽省地方财政收入及其增长率。从整体来看，2018 年地方财政收入相较于 2017 年的地方财政收入增长显著。从平均来看，全省财政月均收入规模为 278.7 亿元，全部月份实现两位数增长，最高同比增幅达到 25.9%，月均增长率达到 19%。

表 1-3　2018 年各月安徽省地方财政收入及其增长率

月份	2018 年地方财政收入（亿元）	2017 年地方财政收入（亿元）	增加额（亿元）	增长率（%）
1	358.5	296.2	62.3	21
2	232.7	190.8	41.9	22
3	294.8	246.2	48.6	19.7
4	314.8	264.3	50.5	19.1
5	284	245.9	38.1	15.5
6	315.2	271.2	44	16.2
7	292.8	252.9	39.9	15.8

（续表）

月份	2018 年地方财政收入（亿元）	2017 年地方财政收入（亿元）	增加额（亿元）	增长率（%）
8	252.9	200.9	52	25.9
9	276.7	221.5	55.2	24.9
10	264.7	234.7	30	12.8
11	203.1	184.4	18.7	10.1
12	254	230.4	50.4	24.8

资料来源：安徽省统计局网站的相关数据。

图 1－7 反映的是 2018 年安徽省地方财政收入同比增长情况。安徽地方财政收入的增长轨迹大体符合经济发展的速度，总量呈现稳定增长的态势。

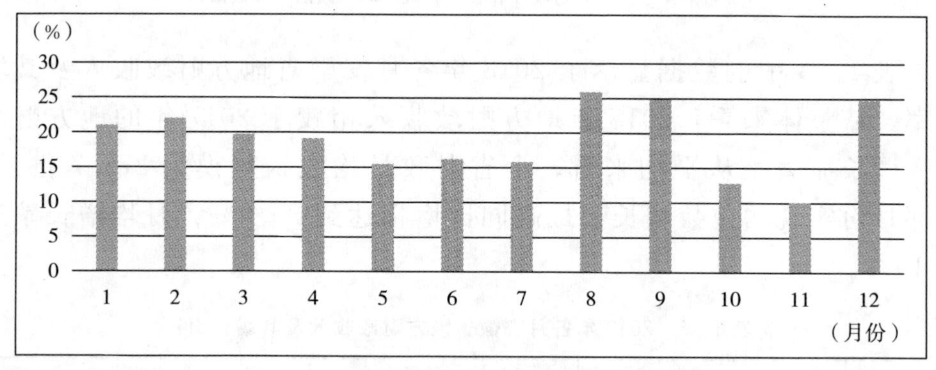

图 1－7　2018 年各月安徽省地方财政收入同比增长情况

资料来源：根据安徽省财政厅和安徽省统计局网站的有关数据整理编制。

表 1－4 反映的是 2018 年安徽省各市全部财政收入。从整体来看，所有城市的全部财政收入均呈现明显的增长态势，合肥、淮北、亳州、宿州、阜阳、滁州、六安和马鞍山的同期增长率连续两年都维持在 10％以上。与 2017 年相比，2018 年 9 个城市的财政收入增长率呈现下降趋势，其中，六安的下降趋势最为明显，增长率下降 8.6 个百分点。7 个城市的增幅较 2017 年呈现上升的态势，其中，淮北的增幅最为显著，增长率比上年提高 4.5 个百分点。不同城市的财政收入增长

状况取决于不同的经济结构布局。

表 1-4　2018 年安徽省各市财政收入

地区	财政收入（亿元）	2018 年增速（%）	2017 年增速（%）	增速比较（%）
全省	5363.3	10.4	11.1	－0.7
合肥	1378.3	10.2	12.3	－2.1
淮北	128.9	19.8	15.3	4.5
亳州	200.1	17.1	16.0	1.1
宿州	175.8	12.3	11.9	0.4
蚌埠	294.7	7.4	9.3	－1.9
阜阳	325.0	17.2	22.6	－5.4
淮南	173.9	7.2	7.5	－0.3
滁州	324.5	12.2	12.8	－0.6
六安	205.2	11.5	20.1	－8.6
马鞍山	270.7	10.3	10.1	0.2
芜湖	603.1	8.0	9.0	－1.0
宣城	240.1	9.0	8.8	0.2
铜陵	180.5	7.6	9.1	－1.5
池州	107.2	5.0	2.0	3.0
安庆	308.9	6.2	8.7	－2.5
黄山	113.9	7.5	7.0	0.5

资料来源：安徽省各市财政局网站发布的数据。

表 1-5 反映的是 2018 年安徽省各市地方财政收入。从整体来看，除池州外，其他城市的地方财政收入均呈现明显的增长态势，阜阳的增长态势最为显著。2017 年受“营改增”后的体制调整影响，各地地方财政收入有所变动，较以往有所不同。

表 1-5　2018 年安徽省各市地方财政收入

地区	地方财政收入（亿元）	比上年同期增长（%）
全省	3048.7	8.4
合肥	712.5	8.6
淮北	70.3	16.2
亳州	112	18.4
宿州	111.56	11.4
蚌埠	152.65	8.2
阜阳	187.1	18.7
淮南	105.4	4
滁州	199.3	9.2
六安	122.4	8.5
马鞍山	—	—
芜湖	318.1	2.2
宣城	153.1	7.1
铜陵	73.8	−4.6
池州	64.5	−1.1
安庆	133.2	10.1
黄山	77.6	3.2

数据来源：安徽省统计局网站的相关数据。

三、安徽省各市地方财政收入及人均地方财政收入

为了直观地衡量并反映安徽省各市财政收入的基本情况，政府财政收入指标的选择既可以选择总量指标，又可以选择人均指标。总量指标主要体现为各地方政府聚集财政收入的整体能力；人均指标是在结合本地区人口状况的基础上，判断人均公共物品供给能力。鉴于此，利用更加科学的指标体系，进而对经济运行质量更为真实准确地衡量、评价，正确认识各市地方财政收入以及人均地方财政收入的差异状况显得极为重要。同时，从安徽省各市财政收入的发展布局来看，市级

层面的财政收入与县级层面的财政收入度量同样重要。

表 1－6 显示了 2017 年安徽省各市地方财政收入及人均地方财政收入。从整体来看，区域财政布局基本没有变化。合肥市地方财政收入依旧位居安徽省之首，遥遥领先其他城市，芜湖市次之，滁州市第三，阜阳市第四，宣城市、蚌埠市、马鞍山市和安庆市依次紧随其后，并均突破 100 亿元。

表 1－6　2017 年安徽省各市地方财政收入及人均地方财政收入

地区	地方财政收入（亿元）	人均地方财政收入（元）	人均生产总值（元）
合肥市	655.9	8234.5	88456
淮北市	60.5	2717.3	41660
亳州市	94.6	1829.3	22385
宿州市	100.1	1769.9	26056
蚌埠市	141.1	4177.7	46233
阜阳市	157.6	1947.7	19536
淮南市	101.3	2905.6	30540
滁州市	182.5	4477.5	39517
六安市	112.8	2349.6	24406
马鞍山市	138.4	6011.3	74709
芜湖市	311.2	8420.3	80458
宣城市	143	5469.8	45467
铜陵市	77.3	4810.0	69935
池州市	65.2	4497.9	43178
安庆市	121	2606.5	36928
黄山市	75.2	5431.0	44251

资料来源：《2018 年安徽省统计年鉴》。

图 1－8 描述的是 2017 年安徽省地方财政收入的构成情况，即各市地方财政收入具体占比情况，其中，合肥市地方财政收入占比达到 26%。

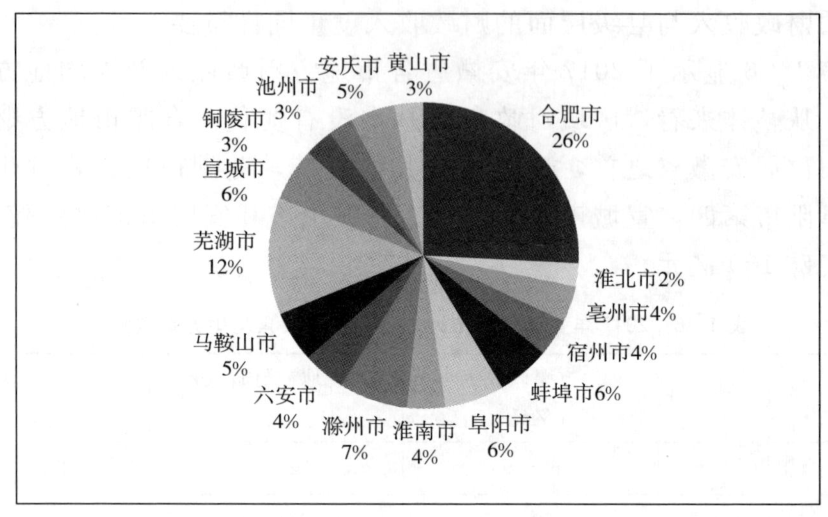

图 1-8　2017 年安徽省地方财政收入的构成情况

资料来源：《2018 年安徽省统计年鉴》。

2017 年安徽省各市人均地方财政收入（图 1-9）显示：分区域来看，皖南地区人均地方财政收入一般高于皖北，皖南区域（黄山市、宣城市、芜湖市、池州市、马鞍山市）人均地方财政收入达到 5966.1 元，这在一定程度上说明了皖南地区的财政能力和经济发展水平相对较高。

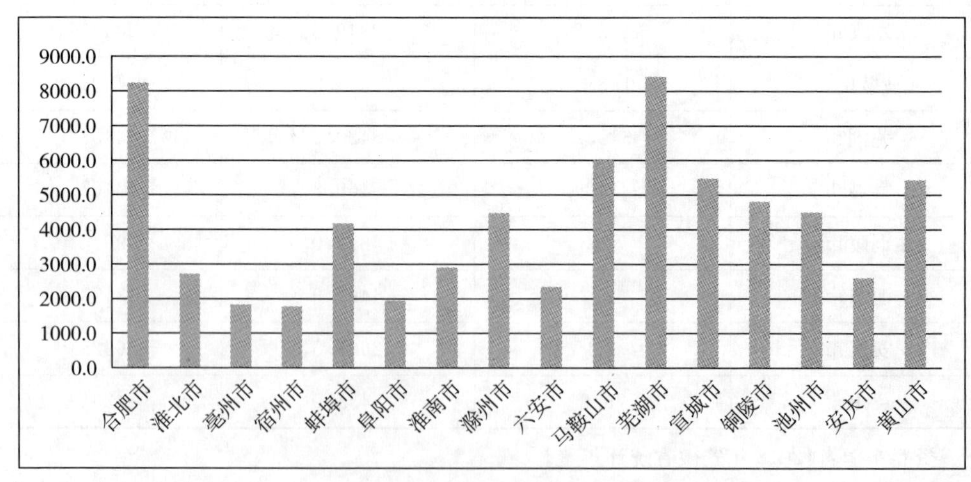

图 1-9　2017 年安徽省各市人均地方财政收入

资料来源：根据《2018 年安徽省统计年鉴》和安徽省统计局网站的相关数据整理编制。

从各市情况来看，芜湖市、合肥市的人均地方财政收入分列安徽省第一位、第二位。2017 年，铜陵市、池州市、黄山市的地方财政收入都没有突破 100 亿元，但人均地方财政收入很高，分别是 4810 元、4497.9 元、5431 元。相比而言，阜阳市的地方财政收入虽已破百亿元，但受其人口数量影响，人均地方财政收入仅为 1947.7 元，人均地方财政收入在 2000 元以下的还有亳州市、宿州市。

表 1－7 反映了安徽省县域地方财政收入增长率（10％以上）及排名情况，12 个县域的地方财政收入增长率超过 10％。其中，20％以上的增长率有 4 个，临泉县的地方财政收入增长率高达 24.1％，来安县以 22.7％的增长率位列安徽省第二。15％～20％区间的有 3 个县，10％～15％区间的有 5 个县。

表 1－7 2017 年安徽省县域地方财政收入增长率（10％以上）及排名情况

地区	财政收入增长率（％）	排名
临泉县	24.1	1
来安县	22.7	2
太和县	22.3	3
舒城县	20.3	4
霍邱县	16.4	5
泗县	16.1	6
寿县	15.9	7
灵璧县	14.1	8
砀山县	13.5	9
肥东县	12.6	10
阜南县	10.9	11
肥西县	10.8	12

资料来源：《2018 年安徽省统计年鉴》。

由表 1－8 可见，2017 年安徽省县域地方财政收入超过 10 亿元的有 35 个县，肥西县和肥东县位居第一和第二，地方财政收入分别为 46.7 亿元和 35.7 亿元。20 亿元～30 亿元区间有 7 个县，15 亿元～20

亿元区间有 11 个县，15 亿元以下有 13 个县。

表 1-8　2017 年安徽省县域地方财政收入（超过 10 亿元）及排名状况

地区	财政收入（亿元）	排名	地区	财政收入（亿元）	排名
肥西县	46.7	1	蒙城县	16.8	19
肥东县	35.7	2	濉溪县	16.7	20
长丰县	35.1	3	怀远县	16.6	21
繁昌县	31.7	4	来安县	16.3	22
当涂县	28.4	5	定远县	14.7	23
芜湖县	27.3	6	霍邱县	13.6	24
凤台县	26.1	7	舒城县	13.5	25
太和县	25	8	泾县	13	26
无为县	23.7	9	涡阳县	12.7	27
广德县	23.4	10	临泉县	12.4	28
南陵县	20.01	11	利辛县	12.1	29
凤阳县	19	12	歙县	12	30
和县	17.6	13	怀宁县	11.8	31
庐江县	17.6	14	五河县	11.6	32
郎溪县	17.3	15	固镇县	11.4	33
颍上县	17.2	16	含山县	10.8	34
全椒县	17.1	17	寿县	10.4	35
萧县	16.8	18			

资料来源：《2018 年安徽省统计年鉴》。

表 1-9 反映 2017 年安徽省县域人均地方财政收入（超过 2000 元）及排名状况，人均地方财政收入 2000 元以上的县有 26 个，其中，繁昌县人均地方财政收入位列榜首，高达 11801.8 元，最低的是无为县，人均地方财政收入以 2268.9 元位列第 26 位，两者差距显著。在 26 个县域中，3000 元以下有 6 个县，3000～4000 元区间有 5 个县，

4001～10000 元区间有 14 个县，10000 元以上有 1 个县。

表 1-9 2017 年安徽省县域人均地方财政收入（超过 2000 元）及排名状况

地区	人均财政收入（元）	排名	地区	人均财政收入（元）	排名
繁昌县	11801.8	1	泾县	4270.1	14
芜湖县	9027.3	2	肥东县	4014.8	15
肥西县	6055.1	3	青阳县	3841.7	16
当涂县	6021.7	4	来安县	3664.3	17
长丰县	5319.4	5	和县	3642.6	18
郎溪县	5227.6	6	祁门县	3564.2	19
南陵县	4830.8	7	休宁县	3304.4	20
广德县	4732.1	8	歙县	2916.3	21
绩溪县	4713.5	9	凤阳县	2816.1	22
黟县	4567.3	10	霍山县	2774.7	23
旌德县	4464.7	11	含山县	2755.6	24
凤台县	4378.2	12	界首市	2710.5	25
全椒县	4271.5	13	无为县	2268.9	26

资料来源：《2018 年安徽省统计年鉴》。

第三节 2017—2018 年地方财政收入结构分析

一、中央财政收入与地方财政收入

1994 年的中国分税制改革开启了纵向政府间收入划分的新篇章，遵循分税原则，我国总体建立了中央税、地方税和中央地方共享税的分税格局，并初步完善中央税收和地方税收体系，实行分税、分征和分管的制度模式。分税制改革后，安徽省在中央统一领导下有效推进各项财税制度改革，随着税收政策的逐步优化和重大税制改革的积极推进，安徽省中央财政收入与地方财政收入框架基本趋于稳定（表 1－10）。

表 1－10 分税制改革后重大财税体制改革进程

时间	改革对象	主要的调整内容
1994 年	分税制改革	中央税、地方税；出口退税除地方已经负担的 20％部分外，以后全部由中央财政负担；共享收入（增值税）等
2002—2003 年	所得税分享改革	中央与地方分成（50∶50）（2002 年） 分成比例（50∶50→60∶40）（2003 年后）
2002—2005 年	出口退税负担机制改革	调整出口退税率（2003 年）；中央和地方的超基数分成（75∶25）（2004 年）；超基数分成（92.5∶7.5）（2005 年）
2005—2011 年	个人所得税	免征额 1600 元（2006 年）→2000 元（2008 年）→3500 元（2011 年）；税率档次（9→7）（2011 年起）
2006—2009 年	消费税	部分税目税率（2006 年）；汽车消费税改革（2008 年）；成品油消费税改革（2009 年）；烟产品消费税改革（2009 年）
2012 年	跨省市总分机构企业所得税分配	总机构、各分支机构分享比例为 25％、50％，各地按一定标准分配
2012—2014 年	“营改增”	上海试点（“1＋6”）（2012 年）；全国试点（“1＋7”）（2013 年）
		铁路运输、邮政服务业和电信业试点（“2＋7”→“3＋7”）（2014 年）
2016 年	“营改增”试点后中央与地方增值税收入划分	5 月 1 日全面推行《营改增试点后调整中央与地方增值税收入划分过渡方案》，明确以 2014 年为基数核定中央返还和地方上缴基数，所有行业企业缴纳的增值税均纳入中央和地方共享范围，中央分享增值税的 50％，地方按税收缴纳地分享增值税的 50％，过渡期暂定 2～3 年
2018—2019 年	增值税税率调整	2018 年 5 月 1 日，增值税税率由 17％、11％、6％，下调至 16％、10％、6％三档，2019 年又进一步调整到 13％、9％、6％三档，将有利于继续推进增值税税率三档并为两档

资料来源：根据财政部网站的相关数据整理得来。

理论上，中央与地方财政收入关系的调整直接关系到地方财政筹划问题。地方的财政收入是财政支出的重要资金来源，是实现地方政府职能的重要保证，更是地方经济文化建设、科学、行政、对外交流等各项经费的供给和保障；在支援老少边穷地区、调节各级地方预算和救济地方重大自然灾害等方面，也发挥着不可替代的作用。地方财政收入与中央财政收入相对应，是指地方财政年度收入，包括地方本级收入、中央税收返还和转移支付。

1994 年分税制改革以来，中央和地方财政收入实现连年递增的目标，总体上较为稳定，其中，中央财政收入占比在 40%上下波动；地方财政收入占比在 55%上下波动，2013—2016 年均突破了 60%，2017 年有所降低，下降了 3.2 个百分点，2018 年相较于 2017 年下降了 1.1 个百分点，达到 56.8%（图 1－10）。

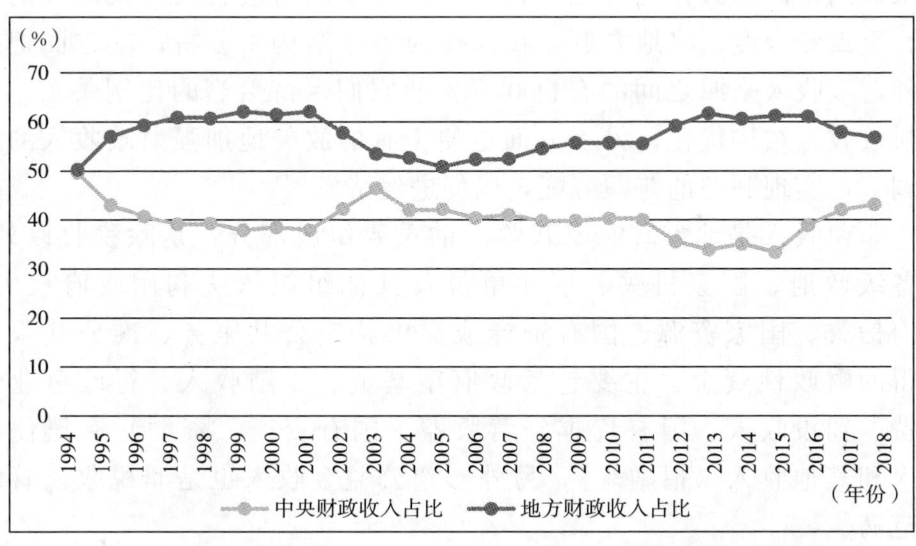

图 1－10　1994—2018 年中央财政收入占比和地方财政收入占比

资料来源：由《2018 年安徽省统计年鉴》和安徽省统计局网站的相关数据整理得来。

二、安徽省地方财政收入结构

1994 年分税制改革后，中央与地方的财政收入关系发生了根本变化，且随着税制改革与体制分成的演进有所变动：一方面是由于相关税种的优化完善引起地方财政收入的变化，另一方面是由于增值税、所得税等分享比例的局部调整，地方税收收入的税种布局有所变动。

其中，2002年所得税分享改革后，中央财政收入占比有所上升，“营改增”全面推行后，增值税作为共享税的主要税种作用再度加强。

地方财政收入按征收形式划分，主要包括税收收入和非税收入两部分。税收收入与非税收入的结构分析，主要涉及三个重要的方面：一是合理配置税收收入与非税收入，税收收入是规范税种所形成的具有合理经济预期的财政收入形式，而非税收入则是受益原则导向下具有灵活性的收入形式，如何取舍取决于地方经济发展及其财政的治税理念；二是要从各税种布局出发，着力探究税收收入的内部结构配置问题；三是判断非税收入的内部结构布局是否具有合理性。

安徽地方财政收入结构反映了安徽财政资金的不同来源、规模和所采取的不同形式，同时也反映了一定时期内财政收入政策调节的目标、重点和力度。将地方财政收入作为整体结构来分析，一方面把握各种财政收入来源之间的有机联系，使它们保持恰当的比例关系，推进财政收入结构优化；另一方面也便于有的放矢地加强财政收入的宏观调节，实现利益的兼顾分配，以促进经济发展。

非税收入是地方政府财政收入的重要组成部分，是除税收以外，由各级政府、国家机关、事业单位及其他组织依法利用政府权力、政府信誉、国家资源、国有资产或提供特定公共服务、准公共服务取得的财政性资金。主要包括政府型基金、专项收入、行政事业性收费、罚没收入、国有资本经营收益、国有资产（资源）有偿使用收入和其他收入（捐赠等）。另外彩票公益金收入也是非税收入管理的范畴。

（一）2017—2018年安徽省地方财政收入结构

1994年分税制改革以来，在安徽省地方财政收入中，税收收入和非税收入总量逐年递增。2003年以后，税收收入占比为75%左右，非税收入占比为25%左右，如图1-11所示。

2017年安徽省地方财政收入为2812亿元，增长7.9%。其中税收收入为1970.7亿元，比上期同期增长6%，占地方财政收入的比重为70.1%；非税收入为841.8亿元，比上年同期增长3.3%，占地方财政收入的比重为29.9%，如图1-12所示。

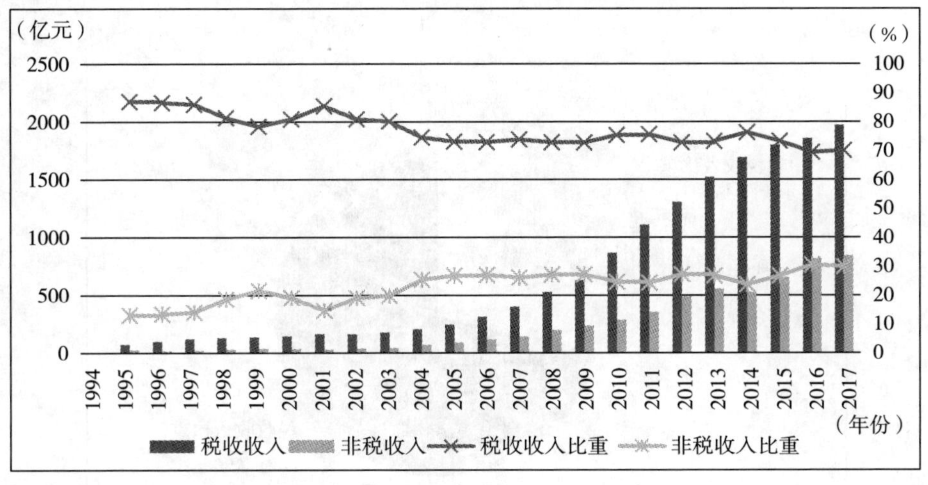

图 1-11　1994—2017 年安徽税收收入和非税收入情况

资料来源：安徽省统计局网站。

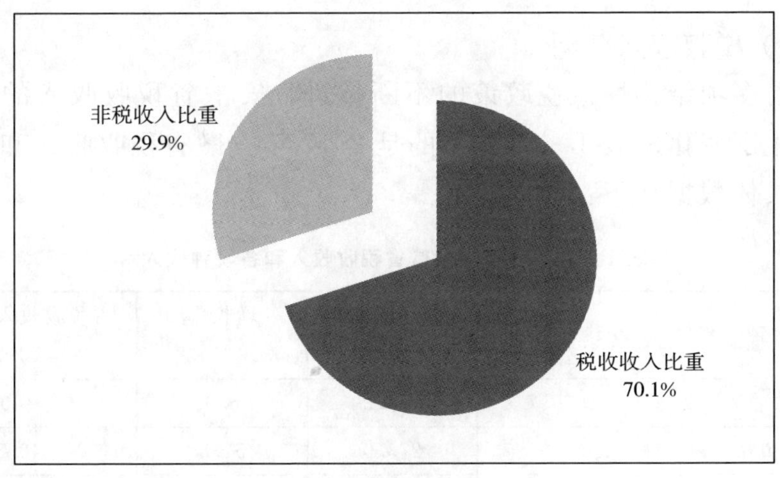

图 1-12　2017 年安徽地方财政收入结构

资料来源：安徽省统计局网站。

2018 年，安徽省地方财政收入为 3048.7 亿元，比上年同期增长 8.4%。在地方财政收入中，税收收入累计完成 2180.7 亿元，比上年同期增长 10.7%，比重为 72%。非税收入累计完成 867.9 亿元，比上年同期增长 3.1%，比重为 28%，如图 1-13 所示。

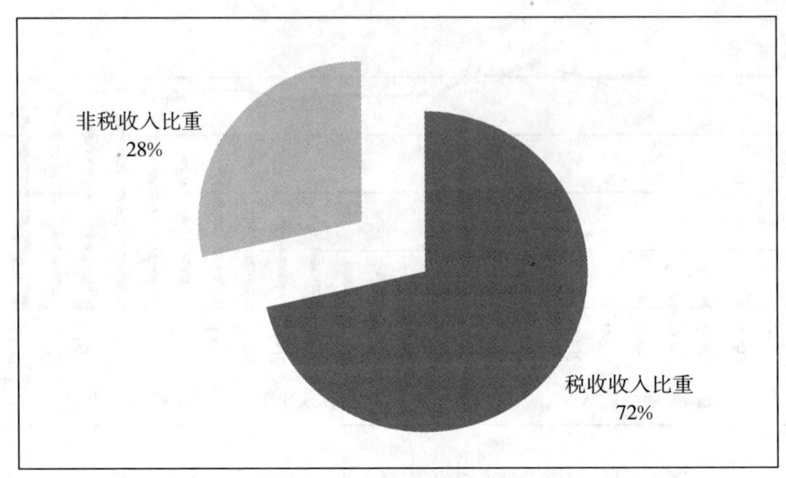

图 1-13 2018 年安徽省地方财政收入结构

资料来源：数据来自安徽省统计局网站。

（二）税收收入结构

随着多项结构性减税政策的不断推进，安徽省税收收入的内部结构也发生了变化。表 1-11 所列的是 2017 年安徽省税收收入和各税种收入，具体数据如下：

表 1-11 2017 年安徽省税收收入和各税种收入

税种	收入（亿元）	比上年增加（亿元）	增长率（%）	占税收收入的比重（%）
税收收入	1970.7	113.2	6.0	100
增值税	803.4	273.0	51.5	40.8
营业税	7.9	−308.1	−97.5	0.4
企业所得税	274.7	41.5	17.8	13.9
个人所得税	79.4	20.1	34.0	4
资源税	21.5	3.6	20.4	1
城市维护建设税	121.2	7.8	6.9	6.2
房产税	59.3	7.8	15.0	3
印花税	28.5	5.3	22.8	1.4

（续表）

税种	收入（亿元）	比上年增加（亿元）	增长率（%）	占税收收入的比重（%）
城镇土地使用税	143.6	1.7	1.2	7.3
土地增值税	120.8	16.0	15.3	6.1
车船使用和牌照税	20.8	3.9	23.4	1.1
耕地占用税	52.1	−16.3	−23.8	2.6
契税	244.3	58.9	31.8	1.2

资料来源：《2018年安徽省统计年鉴》。

笔者通过对表1-11中数据的观察以及与往年数据的比较，可以发现：

其一，在税收收入与非税收入占比相对稳定的状态下，税收收入占比略有上升。2014年、2015年、2016年安徽省税收收入占地方财政收入的比重分别为76.3%、73.3%、69.5%，2017年由于税收收入和非税收入都有所上升，且税收收入的上升幅度大于非税收入的上升幅度，税收收入的占比为70.1%。

其二，税收收入增速企稳回升。2016年安徽税收收入同比增加额为57.6亿元，同期增长率为3.2%，2017年增加额为113.2亿元，增长率为6.0%。2017年安徽省税收收入增长速度有所加快。从横向来看，2012—2017年全国税收收入同比增长率分别为12.1%、10.1%、8.8%、4.8%、2.7%、10.7%，相应比安徽省低5.7、6.4、2.5、1.5、0.9、−4.7个百分点。在全面深化改革的关键时期，安徽省取得了较好的成绩。但税收工作仍要攻坚克难，积极调整税收结构，以应对经济下行的压力。

其三，税收收入结构逐渐优化，主体税种贡献仍然突出。2017年增值税与营业税的比重为41.2%；企业所得税和个人所得税的比重为17.9%，有所上升。这四大税种（增值税、营业税、企业所得税、个人所得税）的地位依旧凸显，共占税收收入的比重高达59.1%。

2017年，安徽税收来源结构有所变化，地方税各税种的具体分析如下。

1. 增值税。2017 年安徽省增值税增长速度呈上升趋势。2015 年、2016 年增值税收入分别为 273.1 亿元、530.3 亿元。增加额分别为 12.6 亿元、257.2 亿元，相应的同比增长率为 4.8%、94.2%，2017 年增值税收入为 803.4 亿元，同比增长 51.5%，增值税在增速方面有所加快。增速加快的根本原因主要来自安徽工业产值的显著提升。

2. 营业税。受“营改增”的深刻影响，2016 年、2017 年安徽省营业税分别完成 310 亿元、7.9 亿元，增加额分别为－276.8 亿元、－302.1 亿元，相应的同比增长率为－47.2%、－97.5%。

3. 企业所得税。2017 年企业所得税收入为 274.7 亿元，占地方税总收入的比重为 13.9%，比上年同期上升 1.1 个百分点。从总量来看，2016 年、2017 年的增加额分别为－2.4 亿元、41.5 亿元，同比增长率为－1%、17.8%，企业所得税收入增速上升显著。

4. 个人所得税。2016 年、2017 年安徽省个人所得税实现收入 59.3 亿元、79.4 亿元，相应的增加额为 6.2 亿元、20.1 亿元，同比增长率为 11.7%、34%，占地方税总收入的比重为 3.2%、4%，基本保持不变。在税制结构优化的过程中，个人所得税的总量仍有待提升。

5. 契税。2016 年、2017 年安徽省契税实现收入 185.4 亿元、244.3 亿元，相应的增加额为 12.9 亿元、58.9 亿元，同比增长率为 7.5%、31.8%，占地方税总收入的比重为 10.2%、1.2%，增速有所加快，占地方税总收入的比重显著下降。

6. 房产税。2016 年、2017 年安徽省房产税收入分别为 51.6 亿元、59.3 亿元，相应的增加额为 5.4 亿元、7.8 亿元，同比增长率为 11.7%、15%，占地方税总收入的比重为 2.8%、3%。相比于 2016 年，2017 年房产税收入增速有所加快，总体态势较好。

7. 土地相关税收。2016 年、2017 年安徽省城镇土地使用税实现收入 141.9 亿元、143.6 亿元，相应的增加额为 8.9 亿元、1.7 亿元，同比增长率为 6.7%、1.2%，增速显著下降。2016 年、2017 年安徽省土地增值税实现收入 104.8 亿元、120.8 亿元，相应的增加额为 14.4 亿元、16 亿元，同比增长率为 15.9%、15.3%，增速平稳。

8. 其他税种。2017 年资源税收入达到 21.5 亿元，同比增长率为

20.4%，占地方税总收入的比重为1.0%。城市维护建设税收入为121.2亿元，同比增长率为6.9%，占地方税总收入的比重为6.2%。印花税收入为28.5亿元，同比增长率为22.8%，占地方税总收入的比重为1.4%。车船税收入为20.8亿元，同比增长率为23.4%，占地方税总收入的比重为1.1%。耕地占用税收入为52.1亿元，比上年同期增加－16.3亿元，同比增长率为－23.8%，占地方税总收入的比重为2.6%。

根据表1－12，笔者可得出以下结论：

表1－12　2017年安徽省各市税收收入分税种收入增长率　（单位：%）

城市	税收收入	增值税	企业所得税	个人所得税
合肥市	3.1	44.7	19.3	30.4
淮北市	23.9	83.9	－1.0	40.4
亳州市	8.3	50.0	40.0	25.4
宿州市	8.1	86.9	12.7	73.9
蚌埠市	－6.1	30.1	28.8	17.1
阜阳市	23.7	64.0	42.0	90.1
淮南市	10.8	60.8	－18.3	26.4
滁州市	23.5	57.8	25.4	24.0
六安市	17.4	90.0	35.6	27.4
马鞍山市	10.4	60.1	18.6	25.5
芜湖市	4.9	39.8	18.7	30.5
宣城市	6.8	42.5	9.7	42.6
铜陵市	－0.1	38.2	20.7	58.3
池州市	－11	48.6	32.5	19.7
安庆市	3.3	57.7	13.9	49.2
黄山市	－7.4	64.5	26.6	33.8

资料来源：《2018年安徽省统计年鉴》。

其一，2017年有4个市的税收收入出现负增长，分别是蚌埠市、铜陵市、池州市、黄山市。其余各市税收收入有所提高，增长率超过10%的有淮北市、阜阳市、淮南市和滁州市、六安市和马鞍山市，最高的增长率是淮北市的23.9%。

其二，“营改增”实施后，2017 年安徽各市的增值税增长较快，增长率最低的是蚌埠市（30.1%），六安市增值税收入增长最为显著，达到 90.0%。

其三，企业所得税在不同地市间的增长情况也有较大不同。2017 年企业所得税增幅显著，只有淮北市、淮南市出现负增长。其余各市的企业所得税均实现了正增长。总体来看，受各市经济结构调整的影响，各市税收收入的增长形势较为乐观。

其四，安徽各市的个人所得税同步增长，2017 年的个人所得税增幅显著，所有市的个人所得税均实现了正增长。总体来看，阜阳市个人所得税增长最为显著，增长率达到 90.1%。相比而言，蚌埠市增长率为 17.1%，两者相差甚大。

（三）非税收入结构

表 1－13 反映的是 2017 年安徽省非税收入及分项目收入。2017 年安徽省非税收入为 841.8 亿元，比上年同期增加 26.5 亿元，同期增长率为 3.3%，比 2016 年下降了 21.3%。

表 1－13 2017 年安徽省非税收入及分项目收入

项目	收入（亿元）	比上年增加（亿元）	增长率（%）	占非税收入的比重（%）
非税收入	841.8	26.5	3.3	100.0
专项收入	239.1	30.0	14.3	28.4
行政事业性收费收入	152.3	－7.8	－4.9	18.1
罚没收入	60.1	7.3	13.9	7.1
国有资本经营收入	63.3	21.9	53.0	7.5
国有资源（资产）有偿使用收入	271.4	－28.9	－9.6	32.2
其他收入	55.6	32.4	139.5	6.7

资料来源：《2018 年安徽省统计年鉴》。

其中，其他收入增长最快，全年实现收入 55.6 亿元，同比增长率达到 139.5%，明显高于上年同期增长率 85.9%，专项收入占非税收入的比重有所上升，由 2016 年的 23.9%升为 2017 年的 28.4%。行政事业性收费收入占非税收入的比重下降了 1.5 个百分点。罚没收入占比上升了 0.6 个百分点。国有资本经营收入占非税收入的比重有所上升，由上年的 5.1%上升为 7.5%。

表 1－14 反映的是 2017 年安徽省各市非税收入分项目增长率。具体分析主要有以下两点：

其一，相比 2016 年，2017 年各市非税收入下降趋势显著，2016 年铜陵市的非税收入增长率最高，达到了 80.5%。2017 年蚌埠市非税收入增长率最高，仅达到 31.8%。合肥市和滁州市的非税收入增长率为 21.7%和 15.8%。2%～10%增长区间的有 5 个市，其中有 8 个市的非税收入增长率为负值，增长率最低的是淮北市，增长率为－41.5%。

其二，在各市的非税收入中，增长强劲的项目也有很大不同。其中，行政事业性收费收入、国有资源（资产）有偿使用收入、其他收入大多为负增长。芜湖市的行政事业性收费收入增长较为显著，达到了 40.9%；滁州市的罚没收入增长突出，达到 74.3%，远高于省内其他地市；而淮北市的国有资本经营收入增长突出，六安市的国有资源（资产）有偿使用收入增长尤为明显。

表 1－14 2017 年安徽省各市非税收入分项目增长率 （单位：%）

地区	非税收入	专项收入	行政事业性收费收入	罚没收入	国有资本经营收入	国有资源（资产）有偿使用收入	其他收入
合肥市	21.7	29.4	－10.4	18.2	131.2	13.7	56.3
淮北市	－41.5	11.9	－73.0	－29.7	2078.6	－28.3	－96.4
亳州市	8.9	8.7	－13.0	63.2	—	12.7	11.3
宿州市	－1.3	10.9	19.6	－0.5	28.2	－12.7	－53.3
蚌埠市	31.8	－8.1	19.5	34.3	115.5	－5.9	86.2
阜阳市	2.7	4.7	－16.0	2.5	136.5	－3.1	68.1
淮南市	－8.9	37.9	－3.2	67.4	－66.5	－21.8	－48.6
滁州市	15.8	15.4	29.3	74.3	－46.4	5.4	23.6
六安市	7.8	－3.0	0.9	35.5	—	39.9	－38.0
马鞍山市	－25.6	13.5	－31.4	39.2	－79.5	－34.7	－28.1
芜湖市	2.4	25.7	40.9	2.3	34.0	－45.8	－6.8
宣城市	－4.5	16.0	12.8	15.1	150.5	－13.5	－32.4
铜陵市	－10.3	－0.9	－16.9	－11.8	－84.0	－8.0	－33.3

（续表）

地区	非税收入	专项收入	行政事业性收费收入	罚没收入	国有资本经营收入	国有资源（资产）有偿使用收入	其他收入
池州市	−6.4	7.2	0.3	−1.6	203.4	−16.7	−43.7
安庆市	−21.2	−1.8	−41.1	−40.1	—	−45.5	154.5
黄山市	6.2	−0.9	5.9	30.2	75.8	2.5	40.4

资料来源：《2018年安徽省统计年鉴》。

（四）2018年安徽省地方财政收入结构

2018年安徽省地方财政收入增长率为8.4%。总体来说，我省地方财政收入与我省经济总量处于同步发展态势，整体形势相对较好。2018年安徽省地方财政收入为3048.7亿元，上划中央财政收入总额2314.6亿元，同期增长率为13.6%。

2018年安徽各主要税种收入、非税收入和各主要项目收入见表1-15和表1-16所列。

表1-15　2018年安徽各主要税种收入

税　种	1—12月收入（亿元）	比上年增加（亿元）	增长率（%）	占税收收入的比重（%）
税收总收入	2180.7	210	10.7	—
增值税	903.1	107.6	13.5	41.4
营业税	2.8	−5.1	−63.8	0.1
企业所得税	334.7	60.2	21.9	15.3
个人所得税	92.4	13	16.3	4.2
城市维护建设税	140.2	19	15.7	6.4

表1-16　2018年安徽省非税收入和各主要项目收入

项　目	1—12月收入（亿元）	比上年同期增长（亿元）	增长率（%）	占非税收入的比重（%）
非税收入	867.9	26.1	3.1	—
专项收入	281	41.9	17.5	32.4
行政事业性收费收入	140.6	−11.7	−7.7	16.2
罚没收入	78	17.9	29.9	9

资料来源：根据安徽省统计局网站的相关资料整理。

表 1-15 反映，2018 年企业所得税的同比增长率达到了 21.9%，营业税下降了 63.8%。增值税与营业税相加所占比重为 41.5%，企业所得税和个人所得税相加为 19.5%，税制结构的优化任重而道远。表 1-16 的数据显示，非税收入增长趋势较为稳定，尤其是行政事业性收费收入的下降过于显著，整体上，税收收入的增长快于非税收入的增长。这样的增长格局对于优化安徽省税收收入与非税收入的配置效率具有较好的促进作用。

三、分税制改革后安徽省财政收入的地区比较

本部分内容重点分析安徽省与东部沿海各省份、中部地区各省份之间的经济发展和财政收入变化情况。

如图 1-14 所示，1994—2018 年东部地区 GDP 呈现强劲的逐年增长态势，其中广东省 GDP 率先在 2001 年突破万亿元，达到 12039.25 亿元，随后江苏省 GDP、山东省 GDP 在 2002 年突破万亿元，浙江省 GDP 和河北省 GDP 分别在 2004 年和 2005 年超过万亿元。福建省 GDP、安徽省 GDP 相继在 2008 年、2009 年突破万亿元。截至 2018 年，江苏省 GDP 和广东省的 GDP 都已突破 9 万亿元，安徽省 GDP 达到了 3 万亿元以上。总体上，安徽与东部省份差距显著。

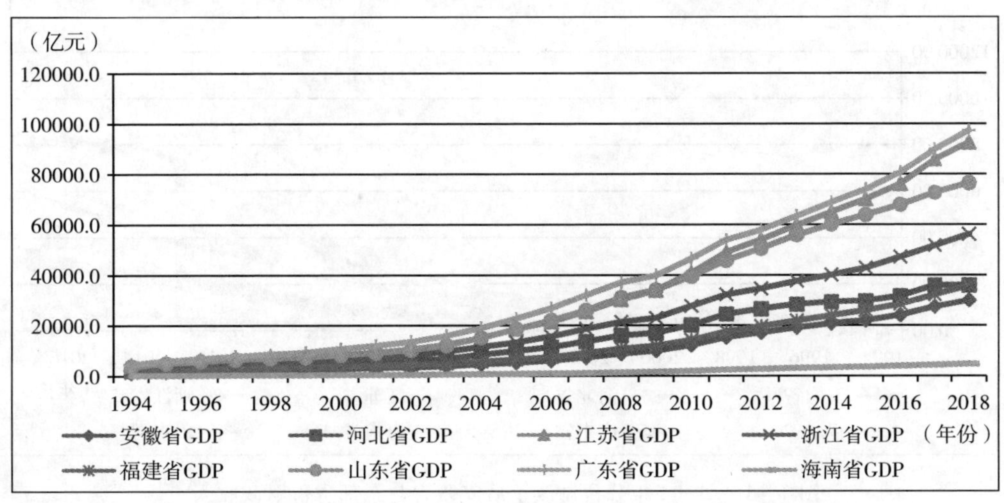

图 1-14　1994 年分税制改革后安徽省与东部省份 GDP

资料来源：历年中国统计年鉴的相关数据。

如图 1-15 所示，1994 年后中部各省 GDP 不断增长，从曲线斜率来看，河南 GDP 的增长幅度最大，2018 年河南 GDP 已经达到了 48055.9 亿元，湖北、湖南 GDP 的增长幅度紧随其后，2018 年分别达到了 39366.6 亿元、36425.8 亿元，安徽 GDP 在中部地区处于中等水平。

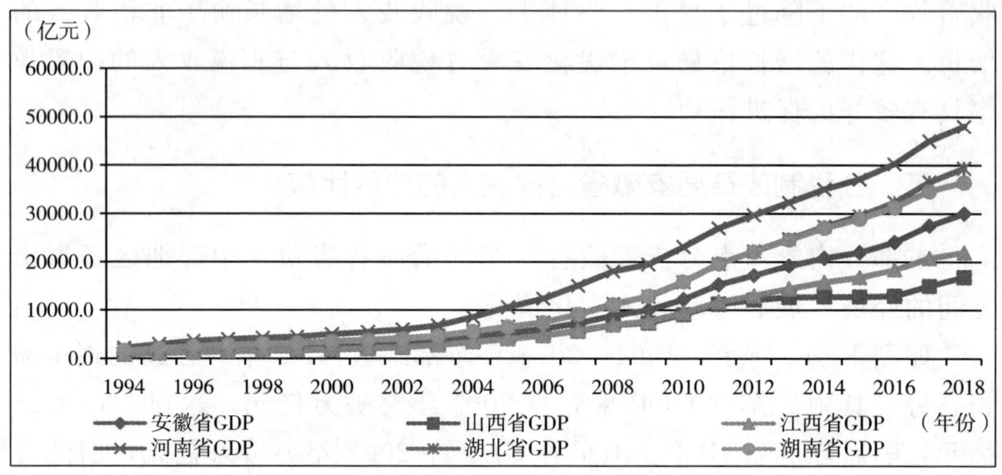

图 1-15　1994 年分税制改革后安徽省与其他中部省份 GDP

资料来源：历年中国统计年鉴的相关数据。

如图 1-16 所示，东部各省以及安徽省财政收入在分税制改革后

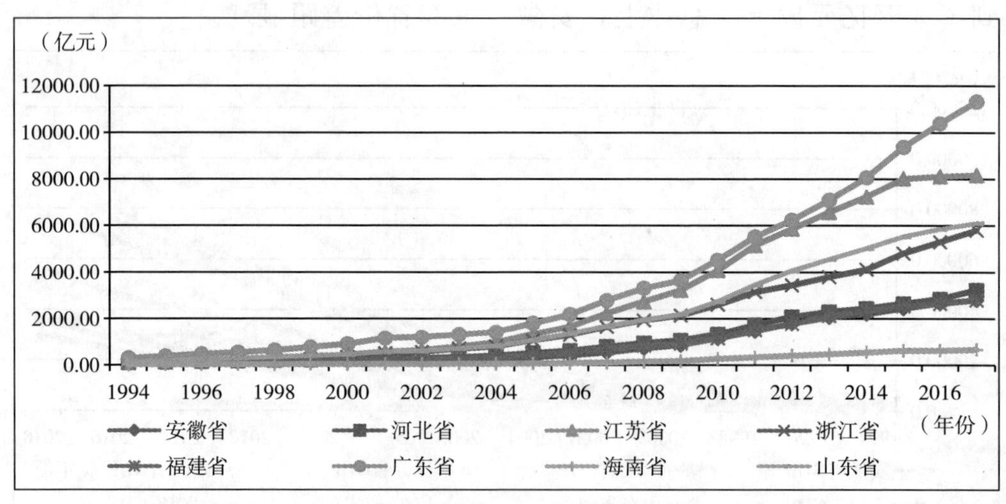

图 1-16　1994 年分税制改革后安徽省与东部省份财政收入

资料来源：历年中国统计年鉴的相关数据。

一直处于上升状态，其中广东省的财政收入增长幅度最大，2017 年已经突破万亿元，达到了 11320.35 亿元，江苏省、山东省紧随其后，分别在 2017 年达到了 8171.53 亿元、6098.63 亿元，浙江省在 2017 年也突破了 5000 亿元，安徽省在 2009 年之前的财政收入一直低于福建省，2009 年之后稳步增长。从曲线斜率来看，1995—2004 年东部各地区和安徽省增长率整体处于下降水平，2005—2008 年增长率有所上升，2009 年下降，2010 年、2011 年上升，此后增长率水平没有大幅度变动。

如图 1-17 所示，安徽省财政收入所处区间基本上与 GDP 总量相符合，亦处于中间水平。

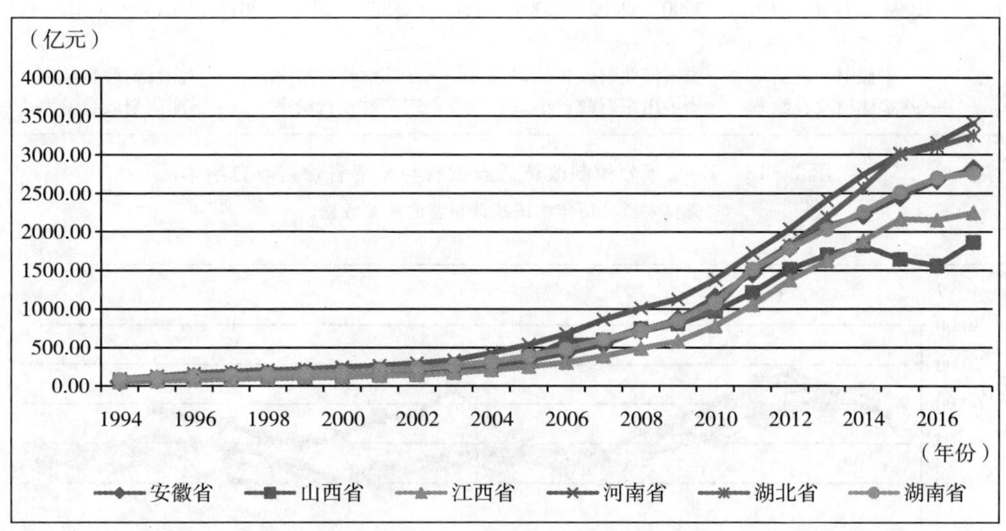

图 1-17　1994 年分税制改革后安徽省与其他中部省份财政收入

资料来源：历年中国统计年鉴的相关数据。

如图 1-18 所示，与东部省份相比，安徽省财政自给率水平明显偏低，基本处于最低状态，与财政收入的总量增长相匹配，东部省份的财政自给率处于 50%～90%之间，尤其是江苏、广东、山东与浙江等省份的财政收支状况好。

如图 1-19 所示，1994 年后，财政收入的增长也为财政支出的增长奠定了基础，东部地区以及安徽省的财政自给率在改革开放之初维持在50%以上。2000年以后，除了山西省财政自给率较为突出，其他省份一直处于40%~50%之间。

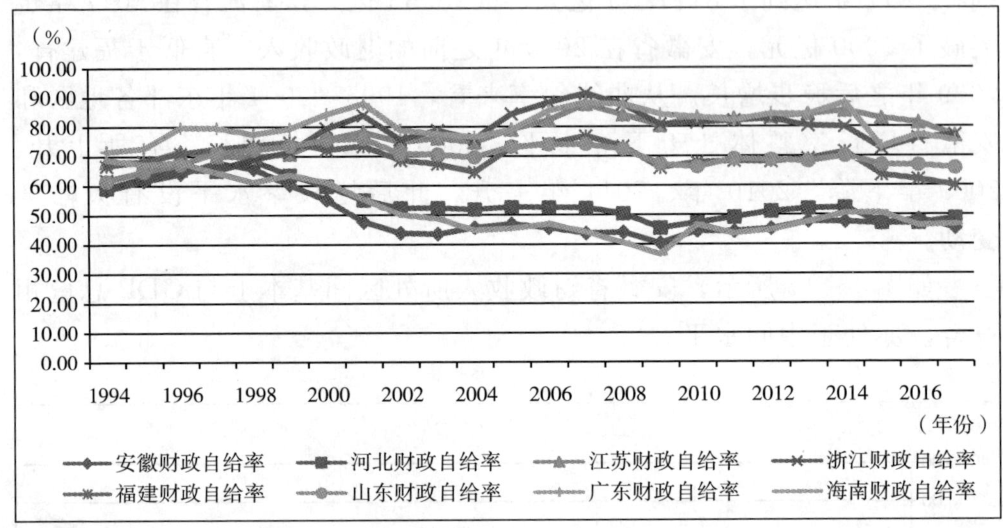

图1-18 1994年分税制改革后安徽省与东部省份财政自给率

资料来源：历年中国统计年鉴的相关数据。

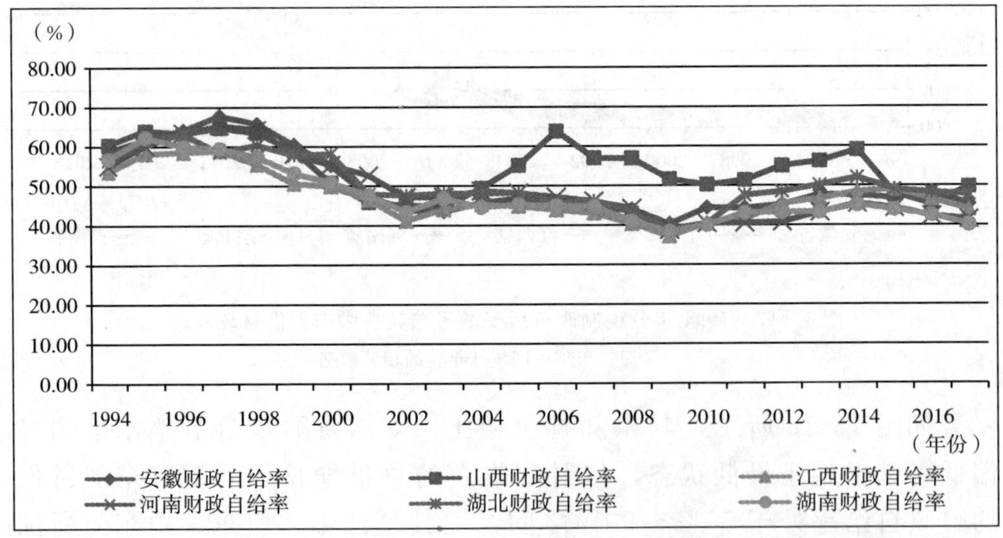

图1-19 1994年分税制改革后安徽省与其他中部省份财政自给率

注：财政自给率即为财政收入与财政支出的比值。

资料来源：历年中国统计年鉴的相关数据。

第二章 安徽省财政支出分析

2018 年安徽省主动适应经济发展新常态，坚持稳中求进的工作总基调，着力转方式、补短板、防风险、促开放，着力提高经济发展质量和效益，着力保障和改善民生，加快财税体制改革，优化财政支出结构。本章主要探讨以下内容：2017—2018 年财政支出预算执行情况回顾，2017—2018 年财政支出规模与结构分析，2019 年安徽省财政支出形势及政策前瞻。

第一节 2017—2018 年财政支出预算执行情况回顾

一、2017—2018 年财政支出预算安排情况

（一）省级财政支出预算安排

根据现行财政体制，2018 年省级一般公共预算可用财力为 673 亿元，省级支出相应安排 673 亿元，与 2017 年相比，省级预算支出同比增长 10.9%。若扣除省级预算提前下达市县转移支付的 23.4 亿元，再加上中央提前下达转移支付并列入省级预算的 249.1 亿元，省级预算支出合计 898.7 亿元。省级预算总支出约为 3061.8 亿元。

表 2-1 2017—2018 年安徽省级财政支出预算 （单位：万元）

支出项目	2017 年预算数	2018 年预算数	增长率（%）	减：省级提前下达转移支付数	加：中央提前下达转移支付数	2018 年预算合计数
一般公共服务支出	641473	711866	11.0	3009	20535	729392
国防支出	18988	20211	6.4	4500	6155	21866
公共安全支出	315761	347506	10.1	4096	9800	353210

（续表）

支出项目	2017 年预算数	2018 年预算数	增长率（%）	减：省级提前下达转移支付数	加：中央提前下达转移支付数	2018 年预算合计数
教育支出	867975	964608	11.1	6035	309310	1267883
科学技术支出	258098	429950	66.6	1270	4900	433580
文化体育与传媒支出	319025	353929	10.9	—	8243	362172
社会保障和就业支出	458640	511160	11.5	45960	1813686	2278886
医疗卫生与计划生育支出	216844	240454	10.9	22266	14984	233172
节能环保支出	169154	190188	12.4	—	25	190213
城乡社区支出	127223	138813	9.1	—	—	138813
农林水支出	602148	671938	11.6	3554	15426	683810
交通运输支出	683013	748508	9.6	107760	184340	825088
资源勘探信息等支出	410040	455659	11.1	2000	—	453659
商业服务业等支出	65833	72536	10.2	33330	—	39206
金融支出	64776	70499	8.8	—	—	70499
援助其他地区支出	48950	53000	8.3	—	—	53000
国土海洋气象等支出	355246	277236	－22.0	—	—	277236
住房保障支出	147849	161335	9.1	—	—	161335
粮油物资储备支出	22543	24414	8.3	—	103266	127680
预备费	80000	80000	—	—	—	80000
其他支出	89591	97291	8.6	—	—	97291
债务付息支出	103830	106900	3.0	—	—	106900
债务发行费用支出	2000	2000	—	—	—	2000
支出合计	6069000	6730000.4	10.9	233780	2490670	8986890.2
加：对市县税收返还及转移支付	—	—	—	—	—	21400776.16
对市县税收返还	—	—	—	—	—	2164862

（续表）

支出项目	2017 年预算数	2018 年预算数	增长率（%）	减：省级提前下达转移支付数	加：中央提前下达转移支付数	2018 年预算合计数
对市县一般性转移支付	—	—	—	—	—	15169060.16
对市县专项转移支付	—	—	—	—	—	4066854
上解中央支出	—	—	—	—	—	230692
支出合计	—	—	—	—	—	30618358.36

资料来源：根据安徽省财政厅发布的相关数据整理。

在省级财政支出预算中，基本支出预算 206.1 亿元，同比增长 20.8%；项目支出预算 466.9 亿元，同比增长 9.7%。主要增加了一般公共服务、公共安全支出及科学技术等支出，增加了城乡社区支出，加大了对“三农”的投入力度。

在公共财政预算之外，2017 年省级政府性基金共 8 项，预算安排支出 39.1 亿元。省级社会保险基金支出安排 1141.3 亿元，其中，本年支出 269.9 亿元，结转下年 871.4 亿元。

（二）市级财政支出预算安排

面对复杂的宏观环境，在省委省政府的正确领导下，安徽各级各部门紧紧围绕稳增长、调结构、促改革、惠民生，以提高质量和效益为中心，坚持宏观政策要稳、微观政策要活、社会政策要托底，稳中求进，进中求优，积极做好开源节流工作，全力促进经济持续健康发展。安徽省各市根据本地国民经济和社会发展“十三五”规划，确定 2018 年的财政支出预算（表 2－2）。

表 2－2　2018 年安徽省各市财政支出预算情况

城市	全市预算支出		市级预算支出		城市	全市预算支出		市级预算支出	
	数额（亿元）	同比增长（%）	数额（亿元）	同比增长（%）		数额（亿元）	同比增长（%）	数额（亿元）	同比增长（%）
合肥	931.82	5.88	540.68	6.40	六安	297.3	13.16	121.87	16.66
淮北	159.52	－4.31	63.42	39.88	马鞍山	247.2	15.35	53.94	－4.40

（续表）

城市	全市预算支出		市级预算支出		城市	全市预算支出		市级预算支出	
	数额（亿元）	同比增长（%）	数额（亿元）	同比增长（%）		数额（亿元）	同比增长（%）	数额（亿元）	同比增长（%）
亳州	201	−7.80	53.6	4.48	芜湖	500.26	7.35	173	6.46
宿州	372.2	8.83	51.28	4.44	宣城	288.3	2.96	40.8	0.99
蚌埠	199.7	7.02	52.4	16.44	铜陵	151.9	−5.94	41.9	5.01
阜阳	425.6	14.90	83.3	23.96	池州	149.1	39.87	36.2	−13.91
淮南	196.7	8.31	66.6	4.23	安庆	404.7	11.15	67.6	4.64
滁州	404.3	6.31	74	19.94	黄山	113.3	6.99	30.58	4.01

资料来源：根据各市《2017 年财政预算执行情况和 2018 年财政预算草案》的数据整理。

从全市预算支出来看，2018 年安徽省所有城市的财政预算支出均不同程度地增长。其中，合肥市仍是财政支出最多的市级单位，2018 年合肥市财政支出 931.82 亿元，同比增长 5.88%；池州市是同比增长幅度最大的市，2018 年池州市预算支出 149.1 亿元，同比增长 39.87%。从表 2－3 可以看出，安徽省财政支出规模较大的地级市为传统意义上的大市，比如合肥市和芜湖市。

表 2－3　2018 年安徽省各市财政支出排名情况

城市	全市预算支出（亿元）	名次	城市	全市预算支出（亿元）	名次
合肥	931.82	1	马鞍山	247.2	9
芜湖	500.26	2	亳州	201	10
阜阳	425.6	3	蚌埠	199.7	11
安庆	404.7	4	淮南	196.7	12
滁州	404.3	5	淮北	159.52	13
宿州	372.2	6	铜陵	151.9	14
六安	297.3	7	池州	149.1	15
宣城	288.3	8	黄山	113.3	16

资料来源：根据各市《2017 年财政预算执行情况和 2018 年财政预算草案》的数据整理。

从市级预算支出来看，合肥仍是预算支出最多的城市，2018 年合肥市级预算支出为 540.68 亿元，同比增长 6.4%；淮北是预算支出增长速度最快的城市，2018 年淮北市级预算支出为 63.42 亿元，同比增长 39.88%。2018 年安徽省市级预算支出及增长率见表 2-4 所列。

表 2-4 2018 年安徽省市级预算支出及增长率

城市	市级预算支出（亿元）	增长率（%）	增长率排名	城市	市级预算支出（亿元）	增长率（%）	增长率排名
淮北	63.42	39.88	1	安庆	67.6	4.64	9
阜阳	83.3	23.96	2	亳州	53.6	4.48	10
滁州	74	19.94	3	宿州	51.28	4.44	11
六安	121.87	16.66	4	淮南	66.6	4.23	12
蚌埠	52.4	16.44	5	黄山	30.58	4.01	13
芜湖	173	6.46	6	宣城	40.8	0.99	14
合肥	540.68	6.40	7	马鞍山	53.94	－4.40	15
铜陵	41.9	5.01	8	池州	36.2	－13.91	16

资料来源：根据各市《2017 年财政预算执行情况和 2018 年财政预算草案》的数据整理。

二、2017—2018 年财政支出预算执行情况

（一）全省财政支出执行情况

1. 全省财政支出完成预算情况分析

2018 年全省一般公共预算支出 6572 亿元，比上年增加 370 亿元，增长 5.9%。为完整反映 2018 年财政支出月度执行情况，我们绘制了图 2-1。从各月的财政支出情况来看，6 月是财政支出数额最多的月份，财政支出数额达到 909.1 亿元，完成全年预算的 13.8%。从支出类别上来看，教育支出 1114.12 亿元，为预算的 110.9%。科技支出 294.7 亿元，为预算的 104.7%。文化体育与传媒支出 80.08 亿元，为预算的 83.5%。社会保障和就业支出 955.43 亿元，为预算的 110.7%。农林水事务支出 706.3 亿元，为预算的 95.8%。医疗卫生与计划生育支出 627.13 亿元，为预算的 110.9%。上述方面的支出低

于年初预算的主要原因是，预算单位规范支出严控成本、部分预算项目跨年执行依规结转等。

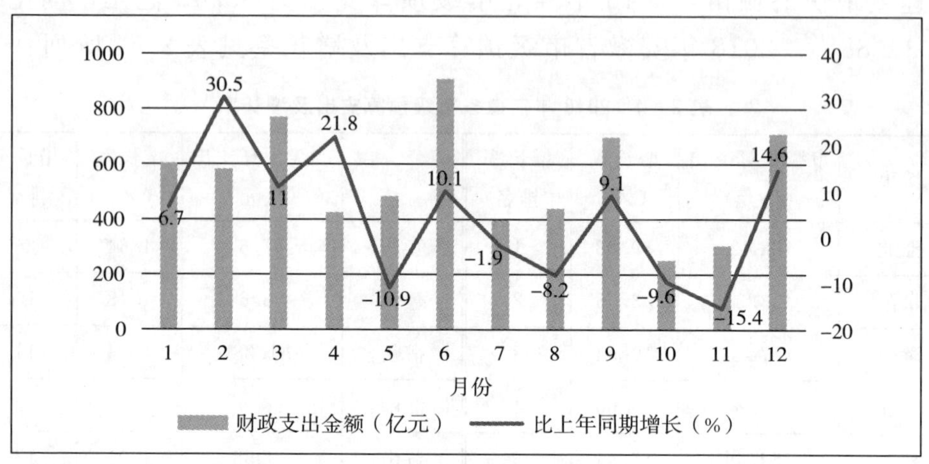

图 2-1 2018 年安徽省财政支出月度执行情况

从图 2-2 来看，前三个季度的财政支出大幅度提升。其中，第一季度财政支出为 1956 亿元，完成总预算的 29.75%；第二季度财政支出为 1818 亿元，完成总预算的 27.67%；第三季度财政支出为 1533 亿元，完成总预算的 23.33%；第四季度财政支出为 1265 亿元，完成总预算的 19.25%。安徽财政将更多资金向民生领域倾斜，以更大的力

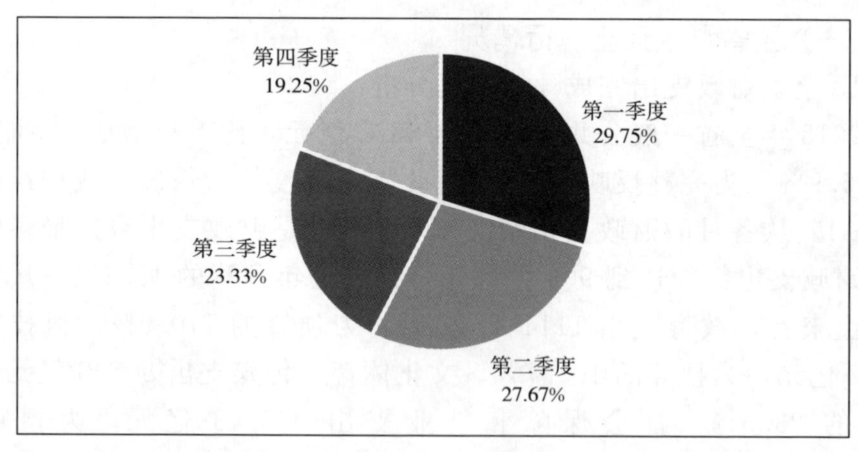

图 2-2 2018 年全省四个季度财政支出完成预算情况

度保障和改善民生。全面落实以人民为中心的发展理念，精准对接群众需求，聚焦普惠性、基础性、兜底性民生建设，新增学前教育、智慧医疗与家庭医生签约服务、农村环境“三大革命”等6项民生工程。全省财政投入民生工程资金1067.3亿元，增长13.5%。强化资金筹措管理，加强项目跟踪调度，强化建后管养，推动民生工程规范化、长效化实施，33项民生工程全部完成，解决了一批群众关心的急事和难事。

2. 全省财政支出执行的同比增长情况分析

为深入分析2018年全省财政支出的执行情况，我们将2017年和2018年的实际支出额度进行比较分析（图2-3和图2-4）。

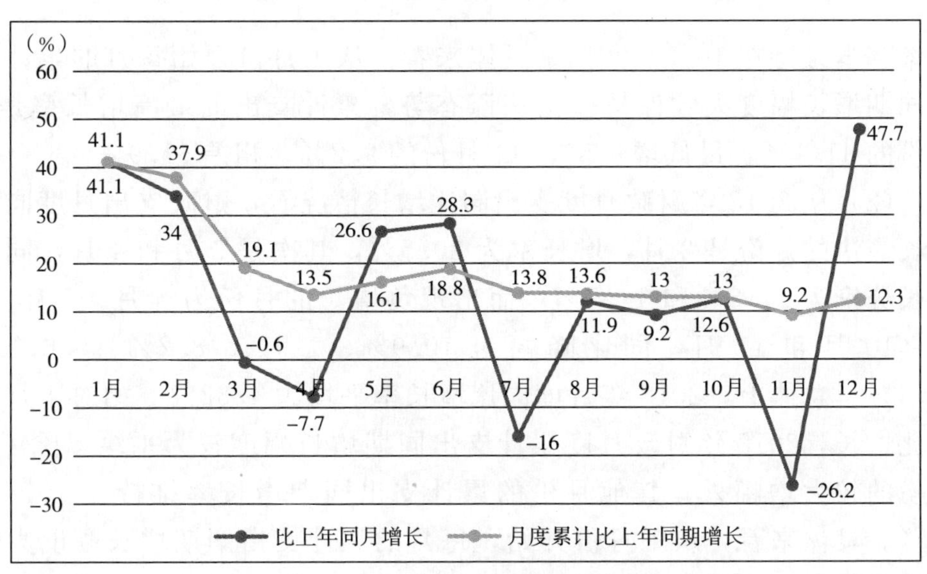

图2-3　2017年全省财政支出月度累计同比增长情况

（1）2017年全省财政支出月度同比增长最快的月份是12月，增长率为47.7%，其次是1月和2月，同比增长分别为41.1%和34%，而出现负增长的月份为3月、4月、7月和11月，同比降幅为0.6%、7.7%、16%和26.2%。总体上，2017年月度同比增长率平均为13.4%。相对于月度同比增长，2017年财政月度累计支出同期增长幅度较为平缓。除了2月份较大的降幅外，其他月份的累计支出同期增

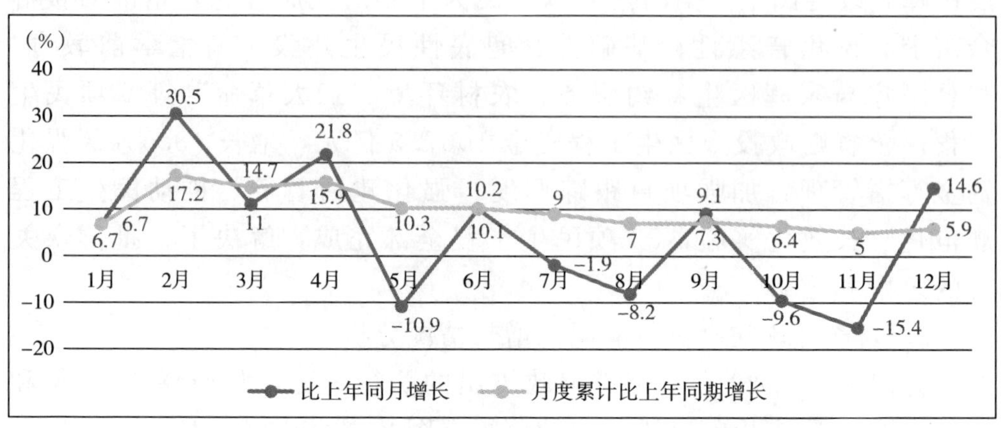

图 2-4 2018 年全省财政支出月度累计同比增长情况

长率基本维持在 10%～20%。具体来看，从 1 月份开始每月的累计支出同期增长幅度大致保持一落一涨态势，累计支出的最高增长率是 1 月份的 41.1%，最低增长率是 11 月份的 9.2%，相差 31.9%。

（2）从 2018 年财政月度支出同比增长情况看，财政支出月度同比增长最快的月份是 2 月，增长率为 30.5%，其次是 3 月和 4 月，同比增长分别为 21.8%和 14.7%，而出现负增长的月份为 5 月、7 月、8 月、10 月和 11 月，同比降幅为 10.9%、1.9%、8.2%、9.6%和 15.4%。总体上，2018 年月度同比增长率平均为 4.82%。相对于月度同比增长，2018 年财政月度累计支出同期增长幅度较为平缓。除了 2 月份的较大增幅外，其他月份的累计支出同期增长率维持在 10%～20%。具体来看，从 1 月份开始，每月的累计支出同期增长幅度大致保持跌落态势，累计支出的最高增长率是 2 月份的 17.2%，最低增长率是 11 月份的 5%，相差了 12.2%。

3. 全省财政支出分项目执行情况分析

按照 2007 年新的财政支出标准，我国预算支出分为 21 个项目。这里我们选取支出比重较高及与居民生活息息相关的 10 个项目进行详细分析，包括一般公共服务、教育、科学技术、文化体育与传媒、社会保障与就业、医疗卫生、节能环保、城乡社区事务、农林水事务、交通运输。

从表 2-5可以看出：教育、一般公共服务、城乡社区事务、农林水事务以及社会保障与就业是财政支出的重点项目，说明我省财政支出以保证民生为主线，加大改善民生的力度，着力构建公共财政向民生倾斜的框架结构。以 9 月份为例，城乡社区事务支出 268.6 亿元，居 9 月份支出之首，然后是教育支出 121.9 亿元，社会保障与就业支出 112.4 亿元，一般公共服务支出 95.1 亿元。

表 2-5 2018 年 1—11 月全省财政支出分项目月度支出执行情况

（单位：亿元）

支出项目	1月	2月	3月	4月	5月	6月	7月	8月	9月	10月	11月
一般公共服务	37.5	45.6	55.3	27	44.4	85	7.6	43.2	95.1	—1.2	23.8
教育	70.5	93.7	121	58.7	85	146.4	106.8	66.1	121.9	36.5	79.8
科学技术	5.8	16.3	32.5	5	26.4	65.6	8.3	15.5	42.1	6.9	—1.8
文化体育与传媒	3.2	4.7	6.8	5	5.6	7.8	11.6	5	4.9	5.6	6
社会保障与就业	181	102.7	126	49.4	47	123	40.4	41.4	112.4	34.7	30.3
医疗卫生	111	89.7	110	23.4	32.9	83.1	14.1	29.8	57.2	4.4	12
节能环保	4.8	14.1	18.3	15.5	13.4	30.4	7.5	18.3	24.8	—0.2	5.4
城乡社区事务	77	72.7	181	9.5	80.4	297.3	—53.8	23.7	268.6	—84.5	—6.6
农林水事务	40.4	55.5	35	120	72.9	6	117.2	81.2	—24.2	107.3	50
交通运输	17.3	30.3	39.7	31	21.1	—7.2	34.4	21.4	—16	28.9	15.9

资料来源：根据安徽省统计局发布的相关数据整理。

（二）市级财政支出执行情况

1. 市级财政支出完成预算情况分析

表 2-6 显示了 2018 年 1—11 月安徽省市级财政支出月度执行情况。合肥市财政支出最高，尤其是 3 月份高达 126.4 亿元，是同月最低城市淮北市的 11 倍多；阜阳市是全省第二大支出城市，平均每月支出 48.80 亿元；支出相对较低的淮北市和池州市月均财政支出分别为 12.96 亿元和 11.92 亿元。由此可见，地区财政支出不但与人口、地理、环境等因素相关，而且与城市经济发展水平也密切相关。

表 2-6 2018 年 1—11 月安徽省市级财政支出月度执行情况

（单位：亿元）

城市	1月	2月	3月	4月	5月	6月	7月	8月	9月	10月	11月
合肥	76.2	107.3	126.4	60	86.4	109.6	53.8	65.9	102.5	39.7	65
淮北	19.2	10.9	11	8.2	9.4	16.9	20.8	10.9	19.1	7.1	9.1
亳州	30.5	28.4	48.4	13.2	20	57.5	15.7	18.1	50.7	−1.8	18.1
宿州	46.7	36.1	42.6	19.4	26.1	43.4	22.3	32.3	36.9	18.5	25.2
蚌埠	22.9	24.7	37	12.6	18.5	36.8	14.6	18	28.4	11.9	17.5
阜阳	50.9	59.2	59.5	38.3	40.6	76.3	53.2	44.5	58.6	28.5	27.1
淮南	17.6	15.2	19.7	20.8	10	48.1	17.7	20.5	20.5	10.5	19.1
滁州	33	31.8	47.6	21.3	31.6	66.3	19.4	22.8	54.2	10.4	19.1
六安	29	47.1	34.3	27.9	37.4	38.2	40.6	36.3	32.7	21.1	18.5
马鞍山	18.5	25.3	22.5	13.6	21.4	36.1	13.4	12.9	42.3	8.1	0.5
芜湖	43.7	33.1	62	30	36.9	92.2	22	28.1	99.7	4.5	−23.1
宣城	28	18.5	41.7	12.2	26.8	57.9	13.5	15.5	30.3	10.2	7.1
铜陵	13.6	14.8	25.5	7.6	21.6	18.5	11.7	10	10.3	4.7	5.1
池州	10.9	8.2	21.2	10.2	13.6	21.2	7.1	9.4	15.6	7.9	5.8
安庆	38.2	32.2	44.7	26.5	33.9	63.3	23.8	27.9	44.5	10.6	29.4
黄山	15.6	12.3	20.5	9.2	17	20.8	12.2	11.1	16.4	8.5	12.7

资料来源：根据安徽省统计局网站相关数据整理。

下面我们通过分析 2018 年安徽省各市的财政支出累计数值及预算完成情况，以期更清晰、更完整地展示实际财政支出的预算执行效果及城市间财政支出的差异性（图 2-5）。2018 年 1—11 月，合肥市财政支出为 892.4 亿元，遥遥领先其他城市。从完成预算的情况来看，这一数值仅是全年预算的 95.81%，在各市完成预算比重中属于比较低的。全省财政支出最低的是池州市，11 个月的合计数仅为 131.1 亿元。另外，从 1—11 月各市财政支出预算完成情况来看，亳州、阜阳、蚌埠、淮南、六安、黄山六个城市出现了不同程度的超预算现象。其

中，亳州和黄山超预算最多，分别为 148.66％、137.95 ％。

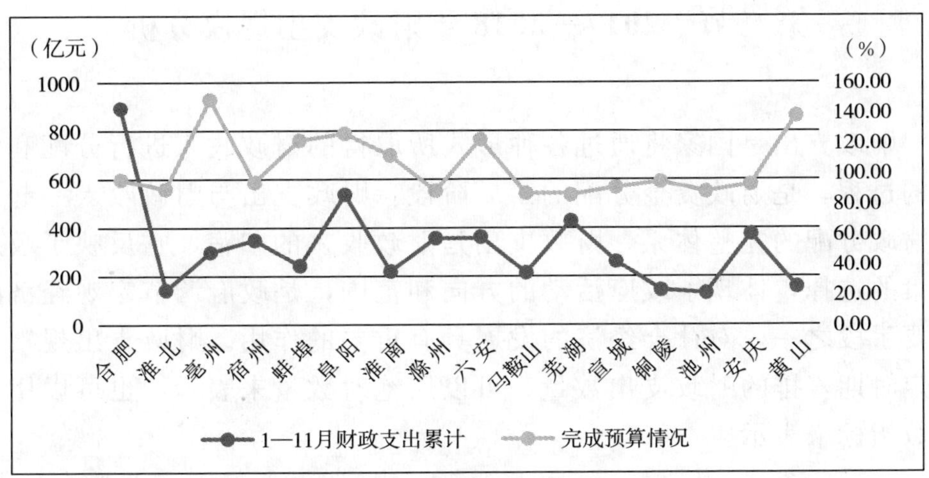

图 2－5　2018 年 1—11 月安徽省各市级财政支出累计执行情况

2. 市级财政支出执行的同比增长情况分析

图 2－6 反映了 2017—2018 年 1—11 月安徽省市级财政支出累计增长情况。从整体来看，2018 年的财政支出同比增幅小于 2017 年的同比增幅。2017 年增长率最高的是阜阳市，为 14.8％；最低的是池州市，为－3.8％。而 2018 年同期增长速度最快和最慢的城市分别为宿州市和蚌埠市，增长率分别为 16.5％和－6.9％。

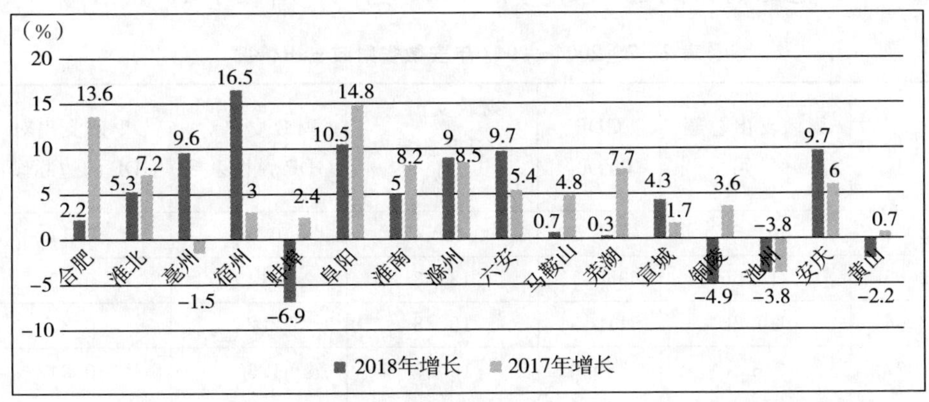

图 2－6　2017—2018 年 1—11 月安徽省市级财政支出累计增长情况

第二节 2017—2018年财政支出规模分析

财政支出是国家将通过各种形式所取得的财政收入进行分配和使用的过程，是财政资金分配的第二阶段。财政支出与财政收入一起构成财政分配的完整体系，财政支出是财政收入的归宿，它反映了政府政策的选择，体现了政府活动的方向和范围，是政府调节宏观经济的主要手段之一，对社会经济的发展具有重要的作用。财政支出规模是一定时期安排的财政支出数量，可以用绝对数量来表示，也可以用相对数指标来表示。

一、2004年以来安徽省财政支出规模

财政支出对经济的增长与发展具有双重影响，财政支出规模适度就能够促进经济增长与发展，财政支出规模过大或是过小都会阻碍经济增长与发展。随着经济的发展，安徽省的财政支出规模不断扩大，财政支出占GDP的比重也有所提高。

表2-7中的数据描述了2004—2017年安徽省财政支出情况。安徽省财政支出一直稳定增长，波动幅度不大。财政支出总额由2004年的601.53亿元增长到了2017年的6202亿元，增长了10.3倍。

表2-7 2004—2017年安徽省财政支出情况

年份	财政支出总额（亿元）	GDP（亿元）	财政支出占GDP比重（%）	财政支出对GDP弹性系数	财政支出对GDP的边际倾向
2004	601.53	4759.30	12.64	0.87	0.11
2005	713.06	5350.17	13.33	1.49	0.19
2006	940.23	6112.50	15.38	2.24	0.30
2007	1243.83	7360.92	16.90	1.58	0.24
2008	1647.13	8851.66	18.61	1.60	0.27
2009	2141.92	10062.82	21.29	2.20	0.41

（续表）

年份	财政支出总额（亿元）	GDP（亿元）	财政支出占GDP比重（%）	财政支出对GDP弹性系数	财政支出对GDP的边际倾向
2010	2587.61	12359.33	20.94	0.91	0.19
2011	3302.99	15300.63	21.59	1.16	0.24
2012	3961.01	17212.05	23.01	1.59	0.34
2013	4349.69	19229.34	22.62	0.84	0.19
2014	4664.10	20848.75	22.37	0.86	0.19
2015	5239.01	22005.63	23.81	2.22	0.50
2016	5522.95	24117.89	22.90	0.56	0.13
2017	6202	27018.00	22.96	1.03	0.23

资料来源：安徽省统计局网站的相关数据和《2017年安徽省统计年鉴》。

安徽省财政支出占GDP的比重从2005年开始持续上升，到2010年增长速度有所放缓；财政支出对GDP的弹性系数反映了在预算年度内，财政支出变化率对国内生产总值变化率反应的敏感程度。安徽省该系数在2005—2009年期间都是大于1，富有弹性，2010年弹性系数下降但是之后两年的弹性系数又回升了，到2013年又有所降低，2014年、2015年快速回升，2016年迅速下降，2017年又有所上升。财政支出对GDP的边际倾向是每增加一单位的GDP，相对的财政支出的增加额，可以看出安徽省的财政支出对GDP的边际倾向从2004年到2017年都不超过0.5，安徽省经济增长对财政的依赖程度不高。

图2-7显示了2004—2017年安徽省财政支出占GDP的比重。从总体上来看，安徽省财政支出占GDP的比呈现小幅度波动增长的趋势，2005—2009年上升速度较快，2010年较2009年略有下降，2011年以后波动不明显。

图2-8显示的是2004—2017年安徽省财政支出对GDP的弹性。可以看出，安徽省财政支出对GDP一直都是富有弹性的，且2006—2009年的弹性系数持续高于1.5，2011—2013年，弹性系数呈抛物线状，2013年弹性系数又下降到了1以下，2014年弹性系数与2013年

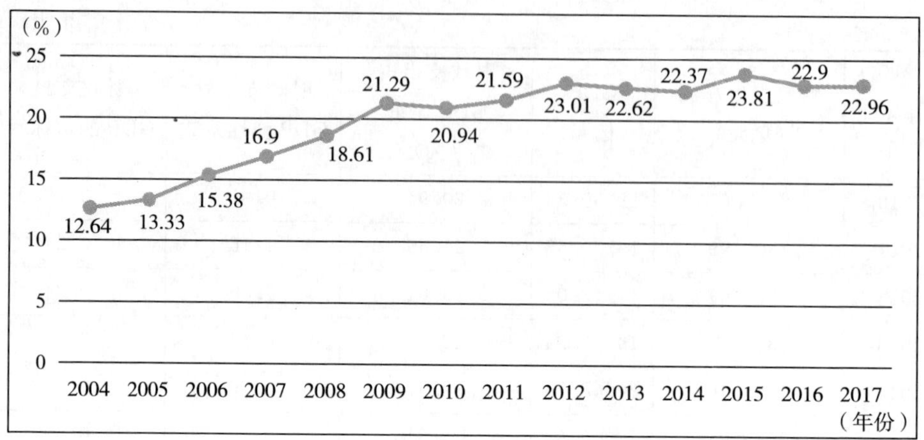

图 2-7 2004—2017 年安徽省财政支出占 GDP 的比重

相比变化不大，2015 年明显上升，2016 年又迅速下降至小于 1 的水平，为历年来最低值 0.56，而 2017 年明显上升至 1.03。

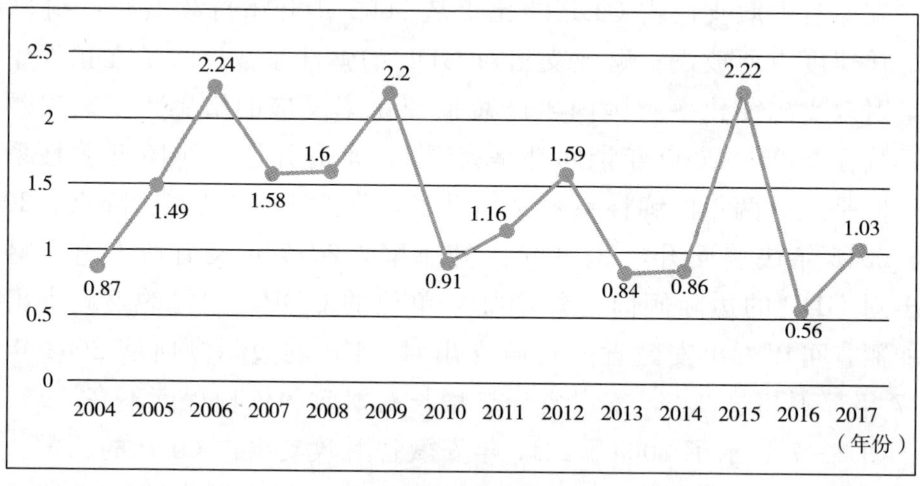

图 2-8 2004—2017 年安徽省财政支出对 GDP 的弹性

从图 2-9 可以看出，2004—2017 年安徽省财政支出对 GDP 的边际倾向。安徽省财政支出对 GDP 的边际倾向变化不大且边际倾向较低，除 2004 年达到最低的 0.11 和 2015 年达到最高的 0.5 之外，其余年份围绕 0.25 上下波动。2016 年波动较大，从 0.5 剧烈下降为 0.13，与 2003 年的数值相同，2017 年又微升至 0.23。

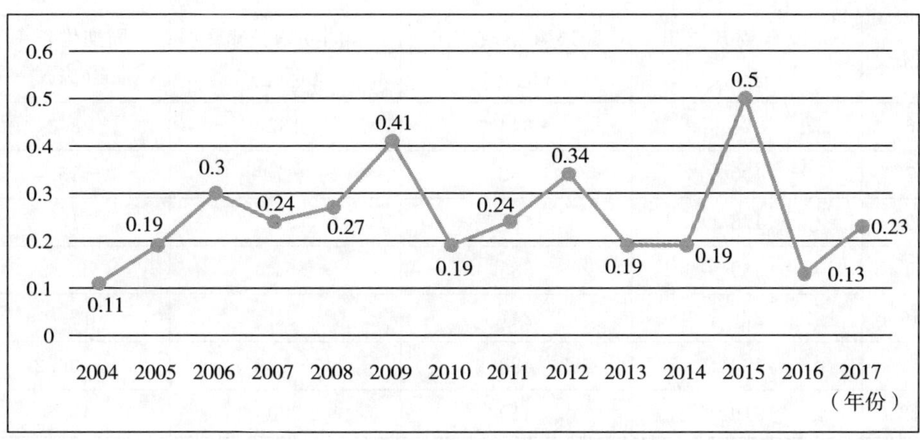

图 2-9 2004—2017 年安徽省财政支出对 GDP 的边际倾向

二、2017 年安徽省财政支出规模

2017 年安徽省财政支出累计完成 6202 亿元，比 2016 年增长了 12.3%，其中教育、社会保障与就业、城乡社区事务、农林水事务支出分别增长了 12.08%、14.9%、51.83%、6.63%。

表 2-8 中的数据显示了 2017 年安徽省各月财政支出及增长情况，并与 2016 年的财政支出进行对比分析。从整体来看，各月的增长速度不均，12 月增长幅度最大，增长率为 47.7%；其次为 1 月，增长率为 41.1%。3 月、4 月、7 月、11 月出现了负增长现象，其中 11 月的下降幅度最大（－26.2%）。

表 2-8 2017 年安徽省各月财政支出及其增长情况

月份	2017 年财政支出（亿元）	2016 年财政支出（亿元）	同期增长额（亿元）	同期增长率（%）
1	566	401	165	41.1
2	445	332	113	34.0
3	694	698	－4	－0.6
4	349	378	－29	－7.7
5	543	429	114	26.6

（续表）

月份	2017 年财政支出（亿元）	2016 年财政支出（亿元）	同期增长额（亿元）	同期增长率（%）
6	826	644	182	28.3
7	405	482	−74	−15.4
8	478	427	51	11.9
9	639	585	54	9.2
10	278	247	31	12.6
11	360	488	−128	−26.2
12	619	419	200	47.7

资料来源：安徽省统计局网站的相关数据。

三、2018 年安徽省财政支出规模

2018 年安徽省财政支出累计完成了 6572.1 亿元，增长 5.9%。其中教育、社会保障与就业、农林水事务支出分别增长了 9.45%、10.18%、6.41%。表 2 - 9 的数据显示 2018 年安徽省财政支出规模及其增长率，相比于 2017 年同期，2018 年各月的波动趋势较为明显。2 月份出现了大幅的上升，为 30.8%；但 5 月份出现了大幅的下降，为 −10.9%；11 月份下降幅度最大，为 −15.5%。

表 2 - 9　2018 年安徽省财政支出规模及其增长率

月份	2018 年财政支出（亿元）	2017 年财政支出（亿元）	增加额（亿元）	增长率（%）
1	603.5	566	37.5	6.6
2	581.9	445	136.9	30.8
3	770.1	694	76.1	11.0
4	425.3	349	76.3	21.9
5	483.8	543	−59.2	−10.9
6	909.1	826	83.1	10.1
7	396.6	405	−8.4	−2.1

（续表）

月份	2018 年财政支出（亿元）	2017 年财政支出（亿元）	增加额（亿元）	增长率（%）
8	439.3	478	−38.7	−8.1
9	697.4	639	58.4	9.1
10	251.3	278	−26.7	−9.6
11	304.3	360	−55.7	−15.5
12	709.5	619	90.5	14.6

资料来源：安徽省统计局网站的相关数据。

四、安徽省各市财政支出规模及增长情况

财政支出是财政分配活动的重要环节，是宏观调控的主要手段之一，对各市财政支出的变化情况以及人均财政支出情况的正确认识显得十分重要。各市的财政支出行为直接影响了安徽省的最优政策选择。地级市财政支出行为的分析，对提升公民福利、改善财政政策都具有重要的意义。2017 年安徽省各市财政支出状况见表 2－10 所列。

表 2－10　2017 年安徽省各市财政支出状况

城市	总额（亿元）	增长率（%）	总额排名
合肥市	965.34	11	1
阜阳市	515.42	15	2
芜湖市	463.29	12	3
滁州市	381.08	12	4
六安市	375.35	9	5
安庆市	373.00	10	6
宿州市	345.92	10	7
亳州市	325.03	14	8
蚌埠市	297.71	10	9
宣城市	273.32	7	10

（续表）

城市	总额（亿元）	增长率（%）	总额排名
淮南市	233.28	7	11
马鞍山市	227.69	6	12
黄山市	185.73	8	13
铜陵市	160.28	6	14
淮北市	152.77	7	15
池州市	143.61	−4	16

资料来源：各市统计局网站发布的数据。

从表 2－10 中可以看出，合肥市、阜阳市、芜湖市位列安徽省财政支出前三位，合肥市财政支出为 965.34 亿元，遥遥领先其他城市，是第二位阜阳的 1.87 倍，是池州的 6.72 倍。除池州市以外，大部分城市的财政支出较上年都有所增长。当然，如果考虑到人均财政支出规模，则名次会发生大的变化，见表 2－11 所列。

表 2－11 2017 年安徽省人均财政支出排名情况

城市	财政支出总额（亿元）	人均财政支出（元）	人均财政支出排名
黄山市	185.73	13415.67	1
芜湖市	463.30	12534.48	2
合肥市	965.34	12119.37	3
宣城市	273.32	10457.05	4
铜陵市	160.28	9967.39	5
池州市	143.61	9908.87	6
马鞍山市	227.77	9893.06	7
滁州市	381.08	9348.99	8
蚌埠市	297.71	8816.71	9
安庆市	373.00	8033.83	10
六安市	375.36	7819.48	11

（续表）

城市	财政支出总额（亿元）	人均财政支出（元）	人均财政支出排名
淮北市	152.77	6857.29	12
淮南市	233.28	6690.07	13
阜阳市	515.42	6369.08	14
亳州市	325.03	6288.22	15
宿州市	345.92	6115.02	16

资料来源：安徽省统计局及各市统计局网站发布的数据。其中人均财政支出按照各市常住人口总数计算得出。

同时，我们也根据表 2-11 绘制出图 2-10，以更为直观地分析各市财政支出现状。图 2-10 可以直接看出 2017 年安徽省各市人均财政支出情况。人均财政支出最高的城市为黄山市，人均财政支出达到 13415.67 元。人均财政支出更能显示各城市的财政支出负担。芜湖市、合肥市人均财政支出位列第二、第三。同时，皖南地区城市的人均财政支出要高于皖北地区。

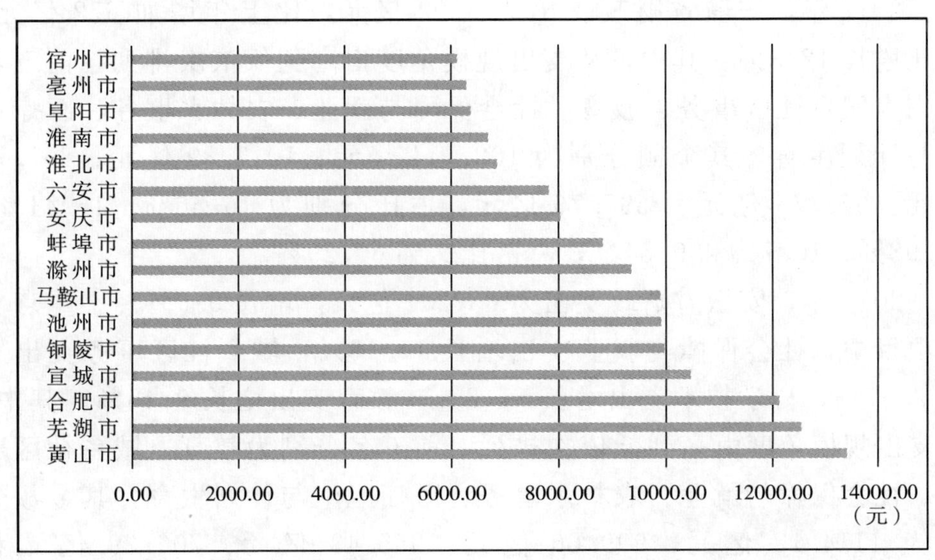

图 2-10　2017 年安徽省各市人均财政支出情况

第三节　2017—2018 年财政支出结构分析

财政支出结构是指在一定的经济体制和社会体制下，财政资金在分配过程中，政府各类支出的数额以及各类支出数额在财政支出总额中所占的比重，也就是通常所说的财政支出构成。财政支出作为公共财政的重要组成部分，是政府为了实现其职能，满足公共需求，将以各种渠道和方式筹集的资金进行再分配的过程，财政支出结构的变化也反映了政府配置社会资源的重点和方向以及政府履行职能的重点。合理的财政支出结构对优化资源配置和促进社会发展有非常重要的意义。因此，我们将对财政支出结构做进一步的探讨。

一、安徽省财政支出总体结构

（一）安徽省财政支出分类结构

2017 年，安徽省财政支出为 6202 亿元，比上年增加 672 亿元，同比增长 12.3%。其中，从支出规模角度由高到低依次排列，前五名分别为城乡社区事务、教育、社会保障与就业、农林水事务、医疗卫生与计划生育，其金额分别为 1027.11 亿元、1017.89 亿元、867.16 亿元、663.76 亿元和 597.76 亿元，占比分别为 16.56%、16.41%、13.98%、10.7%和 9.64%，总占比达到 67.29%。

2018 年，安徽省财政支出为 6572.1 亿元，增长 5.9%。在重点支出项目中，社会保障与就业支出增长 10.18%，城乡社区事务支出下降 2.67%，科学技术支出增长 11.8%，教育支出增长 9.45%。其中，从支出规模角度由高到低依次排列，前五名分别为教育、城乡社区事务、社会保障与就业、农林水事务、医疗卫生与计划生育，其金额分别为 1114.12 亿元、999.66 亿元、955.43 亿元、706.29 亿元和 627.13 亿元，占比分别为 16.95%、15.21%、14.54%、10.75%和 9.54%，总占比达到 66.99%（表 2－12）。

表 2-12　安徽省财政支出分类结构

指标	2016 年		2017 年		2018 年	
	支出总数	占财政总支出的比重（%）	支出总数	占财政总支出的比重（%）	支出总数	占财政总支出的比重（%）
一般公共服务支出	411.94	7.88	458.19	7.39	503.51	7.66
国防支出	6.11	0.12	5.55	0.09	6.25	0.1
公共安全支出	220.96	4.22	259.32	4.18	287.89	4.38
教育支出	908.21	17.36	1017.89	16.41	1114.12	16.95
科学技术支出	255.97	4.89	263.6	4.25	294.70	4.48
文化体育与传媒支出	83.27	1.59	80.94	1.31	80.08	1.22
社会保障和就业支出	754.74	14.43	867.16	13.98	955.43	14.54
医疗卫生与计划生育支出	478.11	9.14	597.76	9.64	627.13	9.54
节能环保支出	135.17	2.58	199.42	3.22	209.46	3.19
城乡社区支出	676.50	12.93	1027.11	16.56	999.66	15.21
农林水支出	622.46	11.90	663.76	10.70	706.29	10.75
交通运输支出	343.93	6.58	225.87	3.64	224.25	3.41
资源勘探电力信息等支出	157.77	3.02	106.61	1.72	105.79	1.61
商业服务业等支出	58.03	1.11	34.04	0.55	36.63	0.56
金融支出	33.01	0.63	13.66	0.22	10.38	0.16
国土资源气象等支出	41.24	0.79	56.23	0.91	48.32	0.74
住房保障支出	236.36	4.52	214.38	3.46	219.15	3.33
粮油物资储备支出	32.06	0.61	26.01	0.42	26.04	0.4
其他支出	13.54	0.26	6.09	0.10	14.94	0.23

资料来源：安徽省统计年鉴及安徽省统计局网站的相关数据。

（二）安徽省财政支出弹性

弹性是一个变量的变动百分比与另一个变量变动百分比的比值，反映一个变量对另一个变量变动的敏感程度。财政支出弹性则是指每项财政支出的变动增长率与财政支出总额增长率的比值，即每项财政支出对于财政支出总额增长幅度的灵敏度。

2017 年安徽省财政支出比 2016 年增长 12.3%。在各项支出中，增长速度最快的城乡社区事务支出的弹性达到 4.21，说明此项支出规模的增长推动了财政支出总额的增加。占财政支出比重较大的节能环保支出、国土资源气象支出的弹性分别为 3.86、2.96。

2018 年安徽省财政支出比 2017 年增长 5.9%。其中教育支出、社会保障和就业支出、城乡社区支出、农林水支出的弹性分别为 1.6、1.73、－0.45 和 1.09（表 2－13）。

表 2－13　安徽省各项财政支出弹性

指标	2016 年		2017 年		2018 年	
	增长（%）	财政支出弹性	增长（%）	财政支出弹性	增长（%）	财政支出弹性
一般公共服务支出	2.96	0.53	11.23	0.91	9.89	1.68
国防支出	7.95	1.42	－9.17	－0.75	12.61	2.14
公共安全支出	12.70	2.27	17.36	1.41	11.02	1.87
教育支出	6.01	1.07	12.08	0.98	9.45	1.6
科学技术支出	73.02	13.04	2.98	0.24	11.8	2
文化体育与传媒支出	－5.58	－1.00	－2.80	－0.23	－1.06	－0.18
社会保障和就业支出	9.14	1.63	14.90	1.21	10.18	1.73
医疗卫生与计划生育支出	－1.54	－0.28	25.03	2.03	4.91	0.83
节能环保支出	8.28	1.48	47.53	3.86	5.03	0.85
城乡社区支出	10.97	1.96	51.83	4.21	－2.67	－0.45

（续表）

指标	2016 年		2017 年		2018 年	
	增长（%）	财政支出弹性	增长（%）	财政支出弹性	增长（%）	财政支出弹性
农林水支出	7.74	1.38	6.63	0.54	6.41	1.09
交通运输支出	−10.43	−1.86	−34.33	−2.79	−0.72	−0.12
资源勘探电力信息等支出	−12.93	−2.31	−32.43	−2.64	−0.77	−0.13
商业服务业等支出	−8.51	−1.52	−41.34	−3.36	7.61	1.29
金融支出	376.33	67.20	−58.62	−4.77	−24.01	−4.07
国土资源气象等支出	−32.98	−5.89	36.35	2.96	−14.07	−2.38
住房保障支出	−14.56	−2.60	−9.30	−0.76	2.23	0.38
粮油物资储备支出	−0.47	−0.08	−18.87	−1.53	0.12	0.02

说明：支出弹性＝各项支出增长率/财政支出增长率。

二、2017—2018 年安徽省财政支出结构分析

随着财政支出规模的不断扩大，安徽省重点项目的支出得到了有效保障。全省教育、医疗卫生、住房保障、社会保障和就业等与民生直接相关的支出大幅增长，经济强省、文化强省和生态强省建设得到持续加强。

（一）落实创新驱动发展战略，支持现代化经济体系建设

深化供给侧结构性改革。下达专项奖补资金 19.9 亿元，落实钢铁、煤炭行业化解过剩产能人员安置等奖补政策。安排“三重一创”建设专项引导资金 60 亿元，支持第三批 13 个重大新兴产业工程、17 个重大新兴产业专项启动建设。投入资金 31.7 亿元，支持设立种子投资、“三重一创”产业发展、中小企业发展等母基金，打造规模 1000 亿元的省级股权投资基金体系。

推进制造业高质量发展。下达制造强省建设资金 24.9 亿元，重点支持数字经济、机器人、集成电路、现代医疗医药等产业发展，支持新一代人工智能发展、中国声谷建设、新材料产业发展等规划实施。拨付军民融合深度发展专项资金，支持军民融合重点产业化项目实施，支持推进国家军民融合创新示范区创建工作。

促进对外开放向纵深方向发展。落实开放发展战略，拨付经贸资金 3.8 亿元，兑现国家进口贴息、出口信用保险、主体培育、对外投资合作等政策，突出支持外贸新业态新模式、市场开拓和主体孵化培育。支持海关特殊监管区域扩能升级，马鞍山综合保税区和合肥空港、安庆（皖西南）、皖东南保税物流中心封关运行。支持成功举办世界制造业大会。

加强创新能力建设。聚焦“四个一”创新主平台建设，大幅提高省科技奖奖励标准，完善财政科技资源配置机制。安排创新型省份建设专项资金 13 亿元，保障兑现科技创新若干政策，聚焦基础研究和应用基础研究，支持 10 个省级实验室和 10 个省级技术创新中心组建运行。支持开展全面创新改革试验，兑现高新技术企业认定奖励政策，引导企业加大研发投入的力度。落实与国内外重点科研院所及高校的合作政策，支持大院大所在我省设立研发机构、分支机构或研发总部。扩大高校院所科研项目资金管理自主权和财务自主权，促进科技成果转化。

（二）着力补齐短板，不断增进群众福祉

支持打好精准脱贫攻坚战。加大财政专项扶贫资金投入的力度，全省投入资金 121.3 亿元，增长 25.6%，其中，省级及以上安排 54.3 亿元，落实打赢脱贫攻坚战三年行动部署，支持推进脱贫攻坚“十大工程”。整合涉农资金 105.4 亿元、债券资金 31 亿元、存量资金 12.8 亿元，支持贫困地区产业发展和基础设施建设。完善财政支持政策，加大对大别山等革命老区、皖北地区、行蓄洪区等深度贫困重点区域的支持力度。大幅度提高迁建补助标准，加快推进淮河行蓄洪区居民迁建。大力推进资产收益扶贫，带动 2097 个贫困村集体年均增收 3.8 万元，带动 52.5 万贫困人口人均增收 479 元。建立扶贫资金动态监控平台，健全资金监管长效机制，提升扶贫资金绩效。

持续加大财政民生投入的力度。全面落实以人民为中心的发展思想，精准对接群众需求，聚焦普惠性、基础性、兜底性民生建设，新增学前教育、智慧医疗与家庭医生签约服务、农村环境“三大革命”等6项民生工程。

加强和创新社会治理，支持市县乡村四级社会服务管理信息化系统建设。支持公安大数据中心和“雪亮工程”建设。加大安全生产资金的保障力度，支持道路交通、地质灾害领域安全防控检测信息系统建设。支持推进扫黑除恶专项斗争，不断完善社会治安防控体系。支持实施地质灾害工程治理和地质灾害点搬迁避让项目，提升灾害防御能力。

（三）支持实施乡村振兴战略，促进区域协调发展

完善财政支农投入政策。探索建立涉农资金统筹整合长效机制，支持推动农业高质量发展。“一卡通”发放惠农补贴资金312.2亿元，覆盖21大类100小项涉农项目，各项惠农政策有效落地。拨付5亿元用于支持农业产业化发展，撬动金融和社会资本，支持农业企业做大做强。安排1.6亿元，全面落实农村电商全覆盖奖补政策，争取国家电子商务进农村综合示范，支持实施电商振兴乡村提升工程。完善农业支持保护体系。下达30.3亿元，支持保障我省粮食产业发展，深入推进优质粮食工程。拨付72亿元，落实耕地保护补贴政策，受益农户1175万户，户均增加转移性收入613元。拨付补贴资金14.4亿元，启动实施稻谷补贴政策，稳定我省稻谷生产能力，引导增加绿色优质稻谷供给，切实保障稻谷种植收益基本稳定。统筹推进农村综合改革。大力推进农村“三变”改革、农村集体资产股份合作制改革。投入5.8亿元，带动村集体和社会投入2.4亿元，开展扶持村级集体经济发展试点。拨付1.3亿元，支持国家农村综合性改革试点试验。省级安排13.2亿元，支持提升农村基层党组织服务群众能力。投入19亿元，全面实施“一事一议”财政奖补，带动村集体组织投入、农民筹资、社会捐赠等2.9亿元，支持8116个村级公益事业项目建设。

支持实施区域协调发展战略。全面对接长三角地区一体化发展政

策，统筹推进“一圈两带三区”建设，省级下达专项资金 22.4 亿元，支持皖北、皖江和南北共建产业园区发展。下达各类转移支付资金 278 亿元，增长 11.4%，支持大别山革命老区补齐基础设施和基本公共服务短板。下达生态功能区、资源枯竭城市转移支付 28.7 亿元，促进区域经济可持续发展。建立水清岸绿产业优美丽长江（安徽）经济带建设财政资金投入机制，拨付 8 亿元，支持长江经济带生态保护修复等重点项目实施。安排 2.4 亿元，对皖南全域旅游示范区、大黄山国家公园予以奖励。

支持新型城镇化建设。下达奖励资金 17.1 亿元，支持提高农业转移人口基本公共服务保障能力，引导农业转移人口举家进城落户。落实县域经济振兴支持政策，支持新型城镇化试点省建设。安排 3.2 亿元，落实取消贫困县国家安排的公益性建设项目县级配套政策。安排城市工作“五统筹”专项资金 4 亿元，重点支持城市污水处理管网建设改造、城市设计试点。统筹 4.4 亿元，支持合肥市地下综合管廊试点和池州市海绵城市试点建设。

三、安徽省财政支出结构优化

（一）优化财政支出结构的原则

财政支出结构优化是指在一定时期内，在公共财政支出总规模占国民生产总值比重合理的前提下，为了实现政府特定的政策目标，满足各种不同的社会公共需要，合理分配各项财政支出要素占财政支出总量的比例。公共财政支出结构的调整和优化必须与政治经济发展的情况和政府的经济目标相适应。在目前阶段，财政支出结构的优化应坚持以下原则：

（1）适应性原则。适应性原则是指财政支出结构与可支配财力、支出目的、财政体制、经济发展阶段等方面的适应程度。总体来说公共财政支出是为了满足不同种类、不同层次的社会公共需要。在一定时期的社会经济体制和其他条件的约束下，财政支出在满足社会公共需要时应有所侧重，并且保持与政府的财力水平相适应、与财政体制相适应、与经济发展阶段相适应，使得支出结构表现出该经济发展阶段的主导特征。

（2）协调性原则。支出结构的协调是动态的协调，是结构内部各项支出的相互适应。相互协调并不是各个要素不分主次的平均发展，而是在有着明确的主与次、重点与非重点的区分基础上的相互协调。

（3）效益性原则。效益性原则是指支出结构的变动应该使为支持结构的所费与结构发展带来的所得之间具有低投入、高产出的特征。从根本上来说，支出结构的转换过程应该是不断提高结构效益的过程，支出结构效益不但指经济效益，而且包含社会效益、生态环境效益。

（4）渐进性原则。渐进性原则是指公共财政支出结构的优化要循序渐进。财政支出结构的优化必须以政府职能转变为依据，循序渐进地进行。

（二）优化安徽省财政支出结构的政策建议

（1）支持创新驱动发展战略。支持做实"四个一"创新主平台。继续加大省级投入力度，以合肥滨湖科学城为依托，全力推进合肥综合性国家科学中心建设。支持深化合芜蚌国家自主创新示范区建设，支持完成系统推进全面创新改革试验任务，支持安徽省实验室、安徽省技术创新中心建设，支持科技重大专项和重点研发计划项目实施，支持科技成果转化。建立促进科技成果转化的资金支持机制，充分发挥省科技成果转化引导基金和省级科技融资担保机构作用，支持科技成果在皖研发、转化和产业化。落实技术型服务增值税减免政策，完善省级财政科研项目资金管理政策，推进技术类无形资产管理试点，支持促进产学研用深度融合，打通全生命周期创新链。健全政府采购制度，加大对重大装备和关键产品的支持力度，支持汇聚更多的创新人才。全面落实新时代"江淮英才计划"财政保障政策，支持培育高技能人才队伍，支持培养引进一批科技领军人才和高水平创新团队。落实科技成果"三权"下放、股权期权分红激励等政策，赋予创新团队和领军人才更大的人财物支配权，完善人才激励和分配机制。支持推动对外开放。落实稳外贸稳外资工作部署，支持深化与"一带一路"沿线国家和地区的合作。加快大通道大平台建设。支持办好第二届世界制造业大会。支持优化口岸营商环境，推动海关特殊监管区域加快发展。

（2）提高保障和改善民生水平。实施33项民生工程。坚持以人民为中心的发展思想，围绕“幼有所育、学有所教、劳有所得、病有所医、老有所养、住有所居、弱有所扶”的宗旨，持续加大民生投入力度，扎实做好民生工作。新增就业创业促进工程等6项民生工程，加大资金投入力度，加强过程管理，提升工程实施绩效，推进解决重点民生问题，确保惠民政策落到实处。支持发展公平优质教育。巩固落实城乡义务教育经费保障机制，改善贫困地区义务教育薄弱学校基本的办学条件，支持推进智慧学校建设。保障农民工随迁子女教育。进一步健全学生资助制度。深入实施现代职业教育质量提升计划，支持加快推进地方高水平及应用型大学建设。落实中小学教师待遇保障政策，支持加强教师队伍建设。支持引导社会力量，增加对学前教育、农村贫困地区儿童早期发展、职业教育等方面的投入。加强就业和社会保障。支持实施更加积极的就业政策，继续安排就业补助资金，支持多渠道、多方式提供职业培训和就业服务，重点抓好高校毕业生、农民工、退役军人等群体就业，统筹做好就业创业工作。支持全面实施全民参保计划，按照国家统一部署，提高退休人员基本养老金标准，提高财政负担的城乡居民养老保险基础养老金的最低标准水平，适时调整优抚补助标准，统筹支持城乡社会救助体系，支持开展居家和社区养老服务改革试点，支持推进养老服务体系建设。推进健康安徽建设。持续深化医药卫生体制综合改革，稳妥推进公立医院债务化解，着力健全公立医院政府投入机制，支持完善并突出县以下基层智慧医疗试点示范，支持加快发展中医药事业。支持广泛开展全面健身活动，加快体育产业发展。完善住房保障机制。继续推进保障性安居工程建设，支持新开工各类棚户区改造，加大对公共租赁住房及其配套基础设施建设的支持力度，将符合条件的新就业无房职工、外来务工人员纳入公共租赁住房的保障范围。

（3）大力实施乡村振兴战略。支持深化农业供给侧结构性改革。建立健全乡村振兴战略多元投入保障机制，加强涉农资金统筹整合。

用好农业产业发展资金，发挥农业产业化发展基金的作用，重点扶持龙头企业和优质项目、优势基地，支持提升培育家庭农场、农民合作社等新型农业经营主体的可持续发展能力。支持农业科技创新，加快秸秆综合利用和畜禽废物利用。支持发展地方特色优势主导产业，巩固提升农村电商建设成果，促进农村一、二、三产业融合发展。深化农村综合改革。落实村级组织运转经费保障机制。扶持村集体经济发展。支持农村土地"三权分置"制度改革，支持农村承包地确权登记成果运用。支持开展农村集体产权制度改革，持续推进农村"三变"改革。更好地发挥一事一议财政奖补机制对农村公益事业的推动作用。开展农村综合性改革试点试验。完善农业支持保护制度。支持推进粮食生产功能区和重要农产品生产保护区建设，完善农业补贴制度。健全农业信贷担保体系，深入推进玉米、大豆目标价格保险，完善"保险+期货"模式。大力支持乡村建设。深入推进农村人居环境整治，支持乡村绿化、垃圾污水处理、厕所革命、村容村貌提升，持续推进美丽乡村建设。支持"四好农村路"、高标准农田、农村安全饮水工程等基础设施建设。

第四节 2019 年安徽省财政支出形势及政策前瞻

2018 年安徽省财政支出为 6572 亿元，比上年增长 5.9%。2019 年安徽省财政支出的重点仍将是民生支出。2018 年财政支出的增长基本与经济的发展基本保持一致，财政支出规模稳定增长，结构有所优化，财政支出的调控作用得到了进一步的发挥。

一、2019 年安徽省财政支出形势

当前，安徽经济仍面临着下行压力，财政收入中低速增长趋于常态化，促改革、惠民生等各项刚性支出压力持续加大，面对新一阶段的财税制度，预计 2019 年的财政收支赤字现象会更加严峻，财政形势不容乐观。

(一)“十三五”新时期将给财政支出带来压力

2019 年是中华人民共和国成立 70 周年，是全面建成小康社会的关键之年。2018 年 12 月 27—28 日，全国财政工作会议在北京召开，总结 2018 年财政工作，研究部署 2019 年财政工作。一是继续支持打好三大攻坚战。大幅增加地方政府专项债券，严格控制地方政府隐性债务，有效防范金融风险。强化财政投入保障，深入推进贫困县涉农资金整合试点，加快扶贫资金动态监控机制建设，支持精准扶贫、精准脱贫。聚焦打赢蓝天保卫战等七大标志性战役，加大投入力度，支持打好污染防治攻坚战。二是推动经济转型升级。聚焦突出短板和薄弱环节，大力支持制造业、民营经济和中小企业等发展，增强市场主体活力，提升经济创新力和竞争力。三是进一步释放内需潜力。立足培育国内市场，着力促消费、扩投资，发挥好内需对经济增长的支撑作用。四是促进区域协调发展。统筹落实好国家重大区域战略，发挥各地区比较优势，健全区域互助和利益分享机制，进一步提升区域间基本公共服务均等化水平，缩小区域发展差距，促进区域协调发展向更高水平和更高质量迈进。五是贯彻实施乡村振兴战略。围绕农业农村现代化的总目标，着力构建完善财政支持，实施乡村振兴战略的政策体系和体制机制，推动农业高质量发展，大力支持乡村建设，深化农业农村改革，巩固发展“三农”持续向好的形势。六是加强保障和改善民生。坚持经济发展和民生改善相协调，积极促进就业创业，支持发展公平优质教育，提高社会保障水平，强化民生兜底保障，促进文化事业发展，让人民群众有更多的获得感。七是深化财税体制改革。按照有利于激发微观主体活力和调动地方积极性的要求，加快财政体制改革，健全预算管理制度，完善税收制度，进一步突破重点改革任务。八是确保地方财政可持续。中央财政继续加大对地方转移支付和县级财力保障的力度，监督指导地方化解债务风险的同时，各地要担起财政可持续的责任，始终绷紧财政可持续这根弦，坚持问题导向，强化工作举措，增强财政运行稳定性和风险防控有效性。九是持续提升财政管理效能。全面实施预算绩效管理，夯实预算执行管理基础，完善国有资产和会计管理，狠抓制度建设和执行，切实管好用好财政资金和国有资产。十是推进国际财经合作。加强“一带一路”国际财经合作，推动多双边财经合作深入发展，积极参与和引领国际财经等领域的规则制定，坚定维护国家利益。

（二）“打赢扶贫攻坚战”加大了对财政支出规模的要求

确保到2020年农村贫困人口实现脱贫，是全面建成小康社会最艰巨的任务。为了实现这一目标，国务院发布《中共中央国务院关于打赢脱贫攻坚战的决定》，对精准扶贫工作做进一步的部署。发挥政府投入在扶贫开发中的主体和主导作用，积极开辟扶贫开发新的资金渠道，确保政府扶贫投入力度与脱贫攻坚任务相适应。各省（自治区、直辖市）要根据本地脱贫攻坚需要，积极调整省级财政支出结构，切实加大扶贫资金投入的力度。从2016年起，通过扩大中央和地方的财政支出规模，增加对贫困地区水电路气网等基础设施建设并提高基本公共服务水平的投入。建立健全脱贫攻坚多规划衔接、多部门协调的长效机制，整合目标相近、方向类同的涉农资金。

（三）民生支出仍然是财政支出的重点

2018年全省财政投入民生工程资金1067.3亿元，增长13.5%。强化资金筹措管理，加强项目跟踪调度，强化建后管养，推动民生工程规范化、长效化实施，33项民生工程全部完成，解决了一批群众关心关注的急事和难事。加强基层基本公共服务功能建设。聚焦8大类25项具体任务，出台财政支持保障基层基本公共服务功能建设的实施意见，建立健全公共财政保障机制，加大各级财政基本公共服务投入的力度，加强基层基本公共服务功能建设。省级增加一般性转移支付的规模和比例，提高市县财政基本公共服务保障的能力。在此基础上，下达资金91.7亿元，对贫困县区予以重点支持，全力推进基本公共服务均等化。

（四）房地产税的进一步改革对财政支出的影响

根据房地产税改革的进度，2019年房地产税预期能够进入立法阶段。房地产税的立法实施，有利于规范房地产税的征收。安徽省财政支出一直以来都较为依赖中央的转移性支付，省级财政的调控能力十分薄弱，财力上对中央的依赖度较高。房地产税的征收有利于地方财政收入的增加，可以提高地方政府的独立性，减少对中央政府的依附，从而提高地方政府财政支出的主动性，在提高地方政府财政支出规模的同时有利于地方政府自主调整财政支出结构，提高财政调控能力。

由于安徽省经济的不断发展、安徽省对民生建设的重视以及未来一系列相关政策的出台，预计2019年安徽省的财政支出规模仍会扩大，但是相对规模的增长率将会有所放缓，财政支出结构会得到进一步优化。

二、2019年财政政策前瞻

2019年是“十三五”规划的第四年。全省各级财政部门将认真贯彻党中央、国务院及安徽省委省政府决策部署，全面落实减税降费政策，持续推进法治财政建设，运用市场化、法治化手段，努力提高财政保障能力和管理水平，全力保障安徽省委省政府的各项决策部署有效落实，确保全年预算目标任务顺利完成。重点做好以下四个方面的工作：

（一）着力优化支出结构

严格控制和压缩一般性支出，从严安排“三公”经费预算，除刚性和重点项目支出外，按照国务院要求，各级按照不低于5%的幅度压缩一般性支出，将更多的资金用于促进发展和保障改善民生。继续盘活财政存量资金。增加省对市县一般性转移的支付，完善县级基本财力保障机制，增强困难地区和基层政府保工资、保运转、保基本民生和促发展能力。按照坚守底线、突出重点、完善制度、引导预期的要求，坚持尽力而为、量力而行，健全财政支出政策决策机制，加强重大项目财政可承受能力评估，清理规范过高承诺，集中财力保障重大政策、重大改革和重大项目落地。

（二）着力加强财政绩效管理

全面实施预算绩效管理，加强新增重大政策和项目预算审核与事前绩效评估，将审核与评估结果作为预算安排的重要参考依据。强化绩效目标管理，将绩效目标设置作为预算安排的前置条件，绩效目标与预算同步批复下达。加强绩效运行监控，强化部门预算绩效管理主体责任，确保绩效目标如期保质保量实现。开展预算执行情况绩效评价，健全绩效评价结果反馈制度和绩效问题整改责任制，将绩效评价结果与预算安排和政策调整挂钩。

（三）着力深化财税体制改革

按照中央统一部署，积极推进应急救援、自然资源等领域省以下财政事权和支出责任划分改革，加快推进其他分领域改革。健全地方税体系。持续推进预算、决算信息公开，拓展预算公开评审论证，清理整合规范专项资金，滚动编制中期财政规划，健全预算支出标准。规范地方政府举债融资机制，加快债券发行使用进度，更加有效地发挥债券资金对优化供给结构、支持经济社会发展的重要作用。自觉接受审计监督，积极支持配合各项审计工作，抓好审计整改，加强审计结果运用，保障各项改革有序推进。

（四）着力接受人大依法监督和政协民主监督

认真落实《预算法》《安徽省预算审查监督条例》，主动接受人大依法监督和政协民主监督，加快推进法治财政建设。广泛听取、积极采纳省人大代表、省政协委员的意见和建议，努力提高人大代表建议和政协委员提案办理质量，不断改进财政工作。依法依规按时向省人大及其常委会报告有关财政事项，完善国有资产管理情况报告机制，完善各级预算联网监督机制，自觉在人大依法监督和政协民主监督下加强财政管理。

第三章 安徽省深度贫困地区脱贫攻坚的财政支持报告[①]

习总书记在十九大报告中全面总结了我国脱贫攻坚的伟大历史成就，提出了2020年农村贫困人口全部脱贫的目标，既展示了我党打赢脱贫攻坚战的坚强决心，又指出了实现脱贫攻坚目标的正确方向。在脱贫攻坚战取得决定性进展、脱贫攻坚从“打赢”积极转向“打好”的背景下，加速实现深度贫困地区的脱贫目标成为脱贫攻坚战的战略性举措。

2018年3月5日，国务院总理李克强在政府工作报告中表示，2018年政府将坚决打好“三大攻坚战”：推动重大风险防范化解取得明显进展；加大精准脱贫力度；推进污染防治取得更大成效。李克强总理强调：“三大攻坚战”的目的就是补齐当前发展中三个最突出的短板，避免跛足而行，确保到2020年全面建成小康社会，让人民群众有更多的“获得感”“幸福感”。从“获得感”“幸福感”的本质内容来看，“三大攻坚战”始终围绕着老百姓钱袋子的安全、贫困人口的切实脱贫、青山绿水的有效重建来有针对性地展开，契合了人民群众对美好生活的向往，与解决现阶段我国经济社会主要矛盾——人民日益增长的美好生活需要和不平衡不充分的发展之间的矛盾，有着内在的、本质的一致，完全契合中国共产党“立党为公、执政为民”的执政理念。

① 本章内容是2018年安徽省社会科学创新发展研究课题攻关研究项目：深度贫困地区脱贫攻坚助力实现新时代“美好生活需要”的作用机理与政策主张（项目编号：2018CX102）的阶段性成果。

第一节　深度贫困地区脱贫攻坚紧迫性与安徽省深度贫困地区基本情况

2019 年 3 月 7 日下午，中共中央总书记、国家主席、中央军委主席习近平参加十三届全国人大二次会议甘肃代表团审议时强调："脱贫攻坚越到紧要关头，越要坚定必胜的信心，越要有一鼓作气的决心。"[①] 按照党中央的统一部署和总体要求，到 2020 年，所有贫困人口如期脱贫。这既是党中央给全国人民的承诺，又是实现全面小康的重要战略性举措。根据《中国农村扶贫开发纲要（2011—2020 年）》，大别山区与六盘山区、秦巴山区、武陵山区、乌蒙山区、滇桂黔石漠化区、滇西边境山区、大兴安岭南麓山区、燕山—太行山区、吕梁山区、罗霄山区等地区被认定为深度贫困地区[②]。同时，依据相关县、乡镇、村的贫困发生程度、贫困人口规模等因素，安徽省将皖北地区、淮河行蓄洪区纳入深度贫困区序列，认定利辛县、萧县、临泉县、阜南县、霍邱县、金寨县、石台县、望江县、太湖县等 9 县为深度贫困县[③]，以重大政治任务和第一民生工程的责任心，统一力量进行脱贫攻坚。

按照《中共安徽省委安徽省人民政府关于打赢脱贫攻坚战三年行动的实施意见》和前期安徽省委省政府出台的一系列规章制度，安徽省在深度贫困地区持续推进"四带一自"产业扶贫模式、狠抓"三有

① 习近平在甘肃代表团谈脱贫攻坚：不获全胜　决不收兵［EB/OL］. 中国网，2019 - 03 - 08，http：//www. china. com. cn/lianghui/news/2019 - 03/08/content _ 74549193. shtml。

② 解读《中国农村扶贫开发纲要（2011—2020 年）》［EB/OL］. 中华人民共和国中央人民政府，2011 - 12 - 01，http：//www. gov. cn/jrzg/2011 - 12/01/content _ 2008683. htm。

③ 根据 2012 年《安徽省人民政府关于公布全省"十二五"扶贫开发工作重点县（市、区）的通知》（皖政秘〔2012〕125 号）通知，2012 年所确定的 12 个国家连片特困地区大别山片区县分别为：利辛县、颍上县、临泉县、阜南县、寿县、霍邱县、金寨县、潜山县、太湖县、宿松县、望江县、岳西县；19 个国家扶贫开发工作重点县（区）为：利辛县、砀山县、萧县、灵璧县、泗县、阜阳市颍东区、颍上县、临泉县、阜南县、六安市裕安区、寿县、霍邱县、金寨县、舒城县、石台县、潜山县、太湖县、宿松县、岳西县。

一网”点位扶贫模式、精准落实“三业一岗”措施[①]，实施脱贫攻坚“十大工程”，立足“两不愁、三保障”，避免“福利陷阱”、防止“悬崖效应”，确保 2019 年 9 个贫困县摘帽、64 个贫困村出列、40 万贫困人口脱贫，到 2020 年现行标准下贫困人口全部脱贫、贫困村全部出列、贫困县全部摘帽、解决区域性整体贫困[②]。

深度贫困地区有两个共性特征：贫困发生率高、贫困规模大。从根本上解决深度贫困问题，需要充分发挥财政的根本性导向作用，提高财政资金的扶贫效果。众所周知，财政作为国家治理现代化的重要工具，在打赢脱贫攻坚战的过程中扮演着十分重要的角色，特别是在类似于“两不愁、三保障”性质的“财政兜底”方面，财政的角色更为重要。有鉴于此，财政在现阶段深度贫困地区的脱贫攻坚战中，理应发挥更为重要的作用。

第二节　安徽省深度贫困地区脱贫攻坚过程中的财政政策扶持情况

深度贫困地区脱贫攻坚，关乎精准扶贫、精准脱贫目标的实现，党中央、国务院高度重视深度贫困地区的脱贫攻坚工作，相继出台一系列法律法规政策，着力加强基础设施建设和改善农村基本生产生活条件，着力承接产业转移和发展特色优势产业，着力促进就业和提升基本公共服务水平，着力加强生态建设和环境保护，着力推进体制机制创新，将大别山片区建设成为革命老区加快发展示范区、国家重要粮食和特色农产品生产加工基地、承接产业转移重点区、红色旅游胜

---

① “四带一自”产业扶贫模式为：各类园区带动、龙头企业带动、农民合作社带动、能人大户（家庭农场）带动、贫困户自主调整种养结构发展产业；“三有一网”点位扶贫模式为：村有当家产业、户有致富门路、人有一技之长、网络扶贫；“三业一岗”措施为：生态友好型产业、劳动密集型产业、组织外出打工就业、开发公益性岗位

② 安徽：主攻大别山革命老区等深度贫困地区［EB/OL］. 新华网，2019-04-16，http：//www.xinhuanet.com/2019-04/16/c_1124373875.htm。

地和文化休闲旅游目的地、华中和长江三角洲地区重要的生态安全屏障①。

为积极支持国家的扶贫攻坚、精准扶贫、精准脱贫计划，安徽省委省政府出台了《安徽省大别山片区区域发展与扶贫攻坚实施规划(2012)》《安徽省贯彻落实大别山革命老区振兴发展规划实施方案(2015)》《安徽省城乡建设用地增加挂钩节余指标流转使用管理暂行办法（2016)》《安徽省“十三五”脱贫攻坚规划（2017)》等多个规章制度和财政支持政策，重点解决深度贫困地区的贫困发生率和贫困发生程度相对较高的问题，并在《2019 年全省民生工作要点》中得到进一步体现。

第三节　安徽省深度贫困地区脱贫攻坚过程中的财政资金分配情况

根据安徽省委省政府关于脱贫攻坚的重点内容和聚焦区域，安徽省 16 个地级市共参与 222000 万元的省级财政专项扶贫资金，见表 3－1所列。

表 3－1　2018 年省级财政专项扶贫资金分配　　（单位：万元）

单　位	合　计	新增深度贫困县资金	行蓄洪区专项补助资金	备　注
全省合计	222000			
合肥市合计	5187			
合肥市财政局	19			
巢湖市财政局	882			
长丰县财政局	1178			
肥东县财政局	1021			

① 国家发展和改革委员会．国务院扶贫办国家发展改革委关于印发大别山片区区域发展与扶贫攻坚规划的通知［EB/OL］．国家发展和改革委员会，2013－04－25，http：//www. ndrc. gov. cn/zcfb/zcfbqt/201304/t20130425 _ 538584. html

（续表）

单　位	合　计	新增深度贫困县资金	行蓄洪区专项补助资金	备　注
肥西县财政局	572			
庐江县财政局	1516			
淮北市合计	970			
淮北市财政局	6			
濉溪县财政局	964			
亳州市合计	34925	3272		
亳州市财政局	44			
涡阳县财政局	8566			
蒙城县财政局	7486			
利辛县财政局	12204	3272		深度贫困县
谯城区财政局	6625			
宿州市合计	17400	3328	368	
宿州市财政局	15			
砀山县财政局	1173			
萧县财政局	8278	3328		深度贫困县
灵璧县财政局	1419		188	
泗县财政局	2492			
埇桥区财政局	4023		180	
蚌埠市合计	4700		527	
蚌埠市财政局	16			
怀远县财政局	2859		257	
五河县财政局	1023		270	
固镇县财政局	802			
阜阳市合计	49824	6700	1314	
阜阳市财政局	65			
界首市财政局	2051			
临泉县财政局	12431	3438		深度贫困县

（续表）

单　位	合　计	新增深度贫困县资金	行蓄洪区专项补助资金	备　注
太和县财政局	10156			
阜南县财政局	12378	3262	764	深度贫困县
颍上县财政局	4055		550	
颍州区财政局	2593			
颍东区财政局	3728			
颍泉区财政局	2368			
淮南市合计	8524		2063	
淮南市财政局	1523		643	
凤台县财政局	590		28	
寿县财政局	6339		1392	
毛集区财政局	72			
滁州市合计	11129		604	
滁州市财政局	34			
天长市财政局	0			
明光市财政局	1678		239	
来安县财政局	636			
全椒县财政局	676			
定远县财政局	6841			
凤阳县财政局	1263		365	
琅琊区财政局	0			
南谯区财政局	0			
六安市合计	40014	5599	2196	
六安市财政局	11			
霍邱县财政局	13205	3126	1986	深度贫困县
舒城县财政局	3978			
金寨县财政局	7913	2473		深度贫困县
霍山县财政局	1153			

（续表）

单　位	合　计	新增深度贫困县资金	行蓄洪区专项补助资金	备　注
金安区财政局	6948			
裕安区财政局	5795		210	
叶集区财政局	1012			
马鞍山市合计	1027			
马鞍山市财政局	10			
当涂县财政局	0			
含山县财政局	492			
和县财政局	524			
芜湖市合计	2048			
芜湖市财政局	9			
芜湖县财政局	0			
繁昌县财政局	0			
南陵县财政局	320			
无为县财政局	1720			
宣城市合计	3497			
宣城市财政局	9			
宁国市财政局	0			
郎溪县财政局	648			
广德县财政局	68			
泾县财政局	740			
绩溪县财政局	651			
旌德县财政局	452			
宣州区财政局	929			
铜陵市合计	1906			
铜陵市财政局	6			
枞阳县财政局	1900			
义安区财政局	0			

（续表）

单　位	合　计	新增深度贫困县资金	行蓄洪区专项补助资金	备　注
池州市合计	4135	1250		
池州市财政局	10			
东至县财政局	840			
石台县财政局	1945	1250		深度贫困县
青阳县财政局	517			
贵池区财政局	823			
安庆市合计	26550	4851	2928	
安庆市财政局	274			
桐城市财政局	1164			
怀宁县财政局	782			
潜山县财政局	3216			
太湖县财政局	7128	2476	349	深度贫困县
宿松县财政局	4032		1927	
望江县财政局	4316	2375	652	深度贫困县
岳西县财政局	5639			
黄山市合计	3163			
黄山市财政局	6			
歙县财政局	1048			
休宁县财政局	592			
黟县财政局	217			
祁门县财政局	775			
屯溪区财政局	0			
黄山区财政局	354			
徽州区财政局	171			
省本级合计	7000			
省农垦局	300			
省扶贫办	6700			

资料来源：2018年省级财政专项扶贫资金分配表［EB/OL］. 霍邱县人民政府，2019-01-30，http://www.huoqiu.gov.cn/4663983/8916761.html.

归纳并简化表3-1，重点考察深度贫困县的省级财政专项扶贫资金分配情况，见表3-2所列。

表3-2 2018年安徽省深度贫困县省级财政专项扶贫资金分配情况

（单位：万元）

单 位	合 计	新增深度贫困县资金	行蓄洪区专项补助资金	备 注
全省合计	222000			
亳州市合计	34925	3272		
利辛县财政局	12204	3272		深度贫困县
宿州市合计	17400	3328	368	
萧县财政局	8278	3328		深度贫困县
阜阳市合计	49824	6700	1314	
临泉县财政局	12431	3438		深度贫困县
阜南县财政局	12378	3262	764	深度贫困县
六安市合计	40014	5599	2196	
霍邱县财政局	13205	3126	1986	深度贫困县
金寨县财政局	7913	2473		深度贫困县
池州市合计	4135	1250		
石台县财政局	1945	1250		深度贫困县
安庆市合计	26550	4851	2928	
太湖县财政局	7128	2476	349	深度贫困县
望江县财政局	4316	2375	652	深度贫困县

结合表3-1和表3-2，可以发现，深度贫困县直接获得了省级财政专项扶贫资金，这既是安徽省委省政府“聚焦深度贫困地区集中力量攻坚”主导思想的重要体现，又是现阶段深度贫困地区财政支持的重要支撑。作为深度贫困地区的一个特殊组成部分，行蓄洪区也获得了实质性的财政扶持，这为下一步拓展分析深度贫困地区的财政支持效率提供了思路。

第四节　安徽省深度贫困地区脱贫攻坚过程中的财政资金使用效率

笔者根据安徽省各个地级市和深度贫困县贫困人口统计情况和专项财政资金支持情况，通过市级层面和县级层面分别考察财政资金使用效率，从纯财政支持角度估算财政资金使用效率，为后期进一步加大深度贫困地区脱贫攻坚的力度提供理论支撑。根据 2019 年安徽省各地级市人民政府工作报告，分别测算和导出各地级市的脱贫人数，为后期各区县开展精准脱贫攻坚战提供有效的数据支撑。当然，从各地级市脱贫情况可以看出，现阶段大别山片区、行蓄洪区的脱贫攻坚战压力较大，皖中、皖南地区的压力相对较小。

表 3-3　2018 年安徽省各地级市脱贫人口分布情况　　（单位：人）

地级市名称	脱贫人数	地级市名称	脱贫人数
阜阳市	182000	池州市	20400
六安市	151000	蚌埠市	15600
宿州市	93300	芜湖市	10841
安庆市	85200	淮北市	3256
亳州市	49000	合肥市	2477
淮南市	43310	宣城市	1862
滁州市	28200	黄山市	1739
铜陵市	26210	马鞍山市	1551

资料来源：2019 年安徽省各地级市人民政府工作报告（其中，《2018 年宣城市经济社会发展成绩单》显示该市脱贫户数为 931 户，按照一般的计算方法，设定每户家庭有 2 位家庭成员，计算出的贫困人口为 2793 人）。

深度贫困地区因其贫困发生率较高、贫困人口规模较大，2018 年度的脱贫人数规模也相对较大，其中，阜南县、霍邱县、临泉县等三个深度贫困县的脱贫人数均超过 4 万人，脱贫攻坚的难度显著较大（表 3-4）。

表 3-4 2018 年安徽省深度地区（县）脱贫人数 （单位：人）

深度贫困县	脱贫人数	深度贫困县	脱贫人数
阜南县	43000	太湖县	17080
霍邱县	40591	望江县	14713
临泉县	40400	萧县	10841
金寨县	23575	石台县	3759
利辛县	20354		

资料来源：2019 安徽省各相关县人民政府工作报告（其中，阜南县数据为 2018 年初预测数字）。

结合表 3-1、表 3-2、表 3-3、表 3-4，按照地级市政府层次和深度贫困县层次两种类型，分别进行脱贫财政成本或者财政资金使用效率测算。从地级市政府层面上看，单个脱贫人口所花费的省级财政专项扶贫资金显示出该地区经济发展水平和贫困人口总规模，见表 3-5所列。

表 3-5 2018 年安徽省各市省级财政专项的个体脱贫成本测算

地级市	脱贫人口数量	省级财政资金投入总量（万元）	个体省级财政脱贫成本（元）	地级市	脱贫人口数量	省级财政资金投入总量（万元）	个体省级财政脱贫成本（元）
合肥市	2477	5187	20940.65	淮北市	3256	970	2979.12
宣城市	1862	3497	18780.88	阜阳市	182000	49824	2737.58
黄山市	1739	3163	18188.61	六安市	151000	40014	2649.93
亳州市	49000	34925	7127.55	池州市	20400	4135	2026.96
马鞍山	1551	1027	6621.53	淮南市	43310	8524	1968.14
滁州市	28200	11129	3946.45	芜湖市	10841	2048	1889.12
安庆市	85200	26550	3116.20	宿州市	93300	17400	1864.95
蚌埠市	15600	4700	3012.82	铜陵市	26210	1906	727.20

资料来源：结合表 3-1、表 3-2、表 3-3 综合测算。

从表 3-5 可以看出，由于各个地级市的经济发展水平、贫困人口规模、自筹资金能力存在显著差异，各个地级市的个体省级财政脱贫成本的差异也较显著，没有显著的规律可以去寻找。从理论上看，经济发展水平越高的地区，贫困发生的概率越低，政府财政“兜底”的压力就越小，但现实问题是个别地级市对贫困地区的基础设施投入和公共服务提升力度较大，导致个体脱贫成本相对较高。

就深度贫困地区而言，因当地经济发展水平总体落后于非深度贫困地区，在致贫原因上，主要表现为因病致贫、缺失劳动力致贫、因残致贫等，这就需要财政在更大程度上承担“兜底”责任，脱贫攻坚难度相对较大，贫困家庭个体的脱贫成本显著高于其他地区。

从表 3-6 可以看出，皖北、皖西人口大市、人口大县的基数大，加之经济发展水平滞后的缘故，带来的因病致穷、因残致穷的比例也随之提高，财政“兜底”责任更重，个体财政“兜底”成本相对较高。另外，因为深度贫困地区的经济发展水平有限，地方财力基础较为薄弱，对上级专项财政扶贫资金的依赖程度也较高，因财政专项扶贫资金总盘子的客观存在，使得部分地区的个体财政“兜底”份额并不是十分突出，呈现“矛盾”的状态。

表 3-6 2018 年安徽省深度贫困地区省级财政专项的个体脱贫成本测算

深度贫困地区	2018 年脱贫人数（人）	2018 年省级财政专项支持额度（万元）	深度贫困地区个体省级财政脱贫成本（元）
萧县	10841	8278	7635.83
利辛县	20354	12204	5995.87
石台县	3759	1945	5174.25
太湖县	17080	7128	4173.30
金寨县	23575	7913	3356.52
霍邱县	40591	13205	3253.18
临泉县	40400	12431	3076.98
望江县	14713	4316	2933.46
阜南县	43000	12378	2878.60

资料来源：结合表 3-1、表 3-2、表 3-4 综合测算。

现阶段，深度贫困地区的财政扶贫资金使用呈现以下几个方面的特征：

一是深度贫困地区省级财政的个体脱贫支持力度显著高于其他贫困地区。2018 年，安徽省深度贫困地区省级财政的个体脱贫支持力度是 4275.33 元，省级财政的个体脱贫支持力度是 3100.79 元，超过全省平均水平的 37.88%。

二是地区之间经济发展水平的差距，从根本上导致各个地区的财力投入产生较大差异，继而使得各个地区的省级财政个体脱贫资金支持水平呈现较大差异。如 2018 年合肥市人均省级财政脱贫支持力度为 20940.65 元，同期拥有深度贫困地区的阜阳市、六安市、池州市的人均省级财政脱贫支持力度为 2737.58 元、2649.93 元、2026.96 元，差距较为显著。

三是地区之间财政脱贫资金的具体投向上存在一定差异。深度贫困地区的省级财政脱贫资金大部分投向“两不愁三保障”，特别是医疗救助方面；非深度贫困地区的财政脱贫资金则强化对产业扶贫、基础设施投资、基本公共服务提升等方面的支持，力图进一步夯实经济社会发展基础、挖掘经济社会可持续发展潜力。

四是深度贫困地区脱贫后的返贫问题相对较为严峻。在深度贫困地区，因病因残致穷、低保五保户的比例相对较高，“2016 年底，贫困户因病因残致贫比例高达 68.38%，低保和五保贫困户占比达到 51.52%，60 岁以上的老人占比近 40%”①。这给脱贫攻坚战的最后胜利带来不同程度的压力。

五是深度贫困地区总体的脱贫攻坚压力较大。深度贫困地区的贫困人口总规模和贫困发生概率显著高于其他贫困地区，基数和存量较大，自然影响脱贫攻坚进度，这也为精准扶贫、精准脱贫工作提供了可能性的重点方向。

① 2018 年省“两会”系列发布会：关于安徽省脱贫攻坚工作情况的通报［EB/OL］. 安徽省人民政府，2018-01-24，http://www.ah.gov.cn/TMP/nav_fbhcon.shtml?d_ID=78870。

第五节　进一步加强安徽省深度贫困地区脱贫攻坚的财政支持建议

欠账多、底子薄、范围广、难度大，是深度贫困地区共同的特点[①]。作为中部大省，经济发展水平与东部大多数省份相比，还有进一步提升的空间；产业结构中的第二产业占比较高，第三产业增加值相对较低；贫困人口规模较大，贫困人口中的老年人、残疾人、完全缺失或部分缺失劳动、大病或慢性病等情况占比较高。这些深度贫困地区的现实表现，使得脱贫攻坚战过程中的财政支持效率有待进一步提高，财政支持结构有待进一步优化，财政支出的内促性有待进一步加强。

（一）以“两不愁三保障”作为基点，强化“扶贫”“扶智”“扶志”的三位一体脱贫攻坚模式，进一步提升深度贫困地区的内生动力

《中共中央　国务院关于坚持农业农村优先发展做好“三农”工作的若干意见》（简称《2019 年中央一号文件》）明确提出：对“三区三州”外贫困人口多、贫困发生率高、脱贫难度大的深度贫困地区，也要统筹资金项目，加大扶持力度。可见，《2019 年中央一号文件》已经从国家脱贫攻坚战的总体策略方面明确了深度贫困地区的财政支持方向，重点在项目统筹和资金整合方向上。“两不愁三保障”是现阶段党和国家精准脱贫工作的重要指导性方针，也自然是深度贫困地区脱贫攻坚战的指导性方针，安徽省 9 个深度贫困县也自然应强化“两不愁三保障”方针。“扶贫”“扶智”“扶志”三位一体的脱贫攻坚模式，本质上是增强贫困户、贫困居民的自主脱贫和自我发展能力，增强贫困户的内生脱贫能力。“扶智”主要是通过技术培训、技术推广、技术教育等方式，培育具有“新时代理念和思维”的“新时代农民”；而“扶志”，主要是通过政策导向和激励的渠道，激发贫困百姓摆脱贫困的意识和观念，增强脱贫主动性。两者与“扶贫”有机配合，形成现

① 夏更生解读为何说深度贫困地区脱贫攻坚困难较多［EB/OL］. 人民网-中国共产党新闻网，2019-03-14，http：//cpc.people.com.cn/n1/2019/0314/c64387-30975060.html。

阶段“扶贫”“扶智”“扶志”三位一体的脱贫攻坚模式。从表 3-7 来看，以皖北地区的萧县为例，按照“扶贫”“扶智”“扶志”三位一体的脱贫攻坚理念，以“教育扶贫项目”和“就业脱贫项目”为标杆的“扶智”项目支出，占总的各级财政专项扶贫资金的比例为 9.76%；以“金融扶贫项目”为标杆的“扶志”项目支出，占总的各级财政专项扶贫资金的比例为 17.35%。“扶智”与“扶志”的财政支持力度还有待进一步加强。池州市石台县的相关比例可能较低，“扶智”比例为 3.43%，“扶志”比例为 1.07%，见表 3-8 所列。综合比较，部分地区相关指标的显示度更低，如霍邱县“扶智”的比例为 1.6%，“扶志”的比例为 4.4%，见表 3-9 所列。

表 3-7 萧县 2018 年度财政专项扶贫资金项目计划完成情况 （单位：万元）

	各级财政专项扶贫资金	中央财政专项扶贫资金	省级财政专项扶贫资金	市级财政专项扶贫资金	县级财政专项扶贫资金
财政专项扶贫基金总额	36040.8972	12855	8277.5	3874.3972	11034
基础设施项目实施和资金拨付情况					
县交通局	2736.066	2645.305	90.761		
发改委	220	220			
县水利局	606.2062	467	139.2062		
县教体局	1562.498				1562.498
产业扶贫项目实施和资金拨付情况					
县农委	11152.399	8226.994	2925.405		
县发改委	1336	15		400	921
县财政局	1608.13		520		1088.13
县经信委	720			720	
县民宗局	50	50			
县委组织部	455		435		20
就业脱贫项目实施和资金拨付情况					
县人社局	1964.271		84.271	106.985	1773.015
教育扶贫项目实施和资金拨付情况					
县教体局	1553.34	531	15.279		343.971

（续表）

	各级财政专项扶贫资金	中央财政专项扶贫资金	省级财政专项扶贫资金	市级财政专项扶贫资金	县级财政专项扶贫资金
人社局	65		65		
县残联县	65.1				65.1
兜底脱贫项目实施和资金拨付情况					
县住建局	2928.4	699.701	100		2128.699
健康脱贫项目实施和资金拨付情况					
民政局	2000		298.555	1701.445	
县卫计委	716		500	216	
金融扶贫项目实施和资金拨付情况					
县金融办	6157.249		3130.9	500	25249.349
县扶贫局	95.878				95.878

资料来源：萧县扶贫办．关于萧县2018年度财政专项扶贫资金项目计划完成情况的公告[EB/OL]．萧县人民政府，2018-12-26，http：//www.ahxx.gov.cn/xxdt/tzgg/638291.html。

表3-8　石台县2018年度财政专项扶贫资金项目计划完成情况　（单位：万元）

	各级财政专项扶贫资金	中央财政专项扶贫资金	省级财政专项扶贫资金	市级财政专项扶贫资金	县级财政专项扶贫资金	其他资金
财政专项扶贫基金总额	10327.57	4667	1944.83	352	790	2573.74
基础设施项目	3015.15	1415	947.04	112	276.04	265.07
产业扶贫项目	6225.42	3024.80	777.79	180	141.33	2101.50
就业脱贫项目	75	0	0	0	75	0
教育扶贫项目	279.87	0	220	20	0	3087
兜底脱贫项目	127.20	127.20	0	0	0	0
健康脱贫项目	34.43	0	0	0	34.43	0
金融扶贫项目	110		0	0	0	110
其他	469.50	100	0	40	263.20	66.30

资料来源：池州市扶贫开发局．石台县2018年财政专项扶贫资金项目汇总[EB/OL]．池州市人力资源和社会保障局，2018-12-06，http：//czsrsj.chizhou.gov.cn/openness/detail/5c086dde168c75d02a000000.html。

表 3－9　霍邱县 2018 年度财政专项扶贫资金项目计划完成情况　（单位：万元）

	各级财政专项扶贫资金	中央财政专项扶贫资金	省级财政专项扶贫资金	市级财政专项扶贫资金	县级财政专项扶贫资金
财政专项扶贫基金总额	34037.6	9264.0	13204.6	6569.0	5000.0
基础设施建设工程	14920.9	3100.0	8269.0	2813.0	739.0
产业脱贫工程	11131.422	5924.000	0	2542.000	2665.422
就业脱贫项目	0	0	0	0	0
教育扶贫项目	545.700	240.000	130.000	0	175.700
兜底脱贫项目	4065.640	0	4065.640	0	0
健康脱贫项目	1214.000	0	0	1214.000	0
金融扶贫项目	1500.000	0	740.000	0	760.000
其他	659.898	0	0	0	659.898

资料来源：霍邱县政府办．霍邱县 2018 年度财政专项扶贫资金年度计划执行情况［EB/OL］．霍邱县人民政府，2018－12－28，http：//www.huoqiu.gov.cn/4663967/8877191.html。

从表 3－7、表 3－8、表 3－9 可以看出，在深度贫困地区的财政专项扶贫基金范畴内，基础设施建设工程（项目）的支出比重相对较高，可能会给产业、教育、健康脱贫支出带来一定的挤压，在后期的改革进程中，应予以适当调整。

（二）进一步加强“输血”和“造血”融合机制，积极利用财政政策建立健全稳定脱贫的长效机制

深度贫困地区人口呈现的高贫困率、高基数规模、高老龄化等状态，辅之以现代化产业组织相对低下、产品抗风险能力相对低下、产品附加值相对低下等深度贫困地区经济社会发展水平上的问题，使得深度贫困地区脱贫攻坚的压力显著较大。在脱贫攻坚战进入关键阶段，进一步加强“输血”和“造血”融合机制，在现阶段显得尤为重要。“输血”主要是各级政府正在施行的兜底脱贫项目、健康脱贫项目，根本目的在于实现“两不愁三保障”目标。“造血”主要是产业脱贫、就业脱贫项目、教育扶贫项目、金融扶贫项目等多个项目，根本目的是基于“两不愁三保障”提升贫困居民的内生发展能力，全面提高脱贫攻坚质量。

在政策执行过程中，“输血”主要针对贫困人口中的老年人、残疾人、完全缺失或部分缺失劳动力、大病或慢性病等人群，这既是公共财政阳光照向每个公民的最好表现，也是社会主义优越性的直接表现。伴随着人口老龄化的加剧，特别是农村完全缺失或部分缺失劳动力人口的显著增加，“输血”规模将在现有基础之上得到实质性增加。“造血”主要针对深度贫困地区所有贫苦户来实施的。“造血”实施较为普遍的方式是产业扶贫。产业扶贫是利用财政专项资金，以本地特色产业项目为依托，强化一、二、三产业融合发展，围绕“一县一业”“一村一品”，深耕细作、培育延伸产业链，提升产业竞争力和特色化水平，助推“造血”功能提升，实现“脱真贫、真脱贫”。

（三）积极建立返贫预警监测机制“固脱防返”

坚持“脱贫”和防范“返贫”，才能真正做到“2020 年农村贫困人口全面脱贫、贫困村全部出列、贫困县全部摘帽，实现小康路上不落一人”。结合表 3-7、表 3-8、表 3-9，可以看出：健康脱贫占比相对较高，印证了“深度贫困地区的贫困户，很大比例是因病致穷、因残致穷”这一现实问题。短时间看，通过各种脱贫政策和财政兜底，此类贫困户能够达到脱贫标准，但不可忽略的问题是，2014—2015 年，涡阳、临泉、金寨三县的脱贫户中，返贫率分别达到 3.45‰、2.07‰和 12.33‰，这个总量指标值得高度重视。同时，2014—2015 年，安徽省返贫总户数为 2049 户，返贫总人口为 5435 人，其中因病返贫 1199 户，占返贫总户数的 58.5%；劳动力返贫 215 户，占返贫总户数的 10.5%。个别地级市返贫户中的因病返贫、因残返贫问题更为严重，淮北市因病返贫高达 85.7%、合肥市达到 82.5%、芜湖市因残返贫比例达到 44.4%①。因此，在脱贫攻坚的关键阶段，积极建立返贫预警监测机制“固脱返贫”。

（四）加强财政专项扶贫资金管理

财政专项扶贫资金管理，强调“凡是与脱贫有关，要用对、用准；

① 我省防范返贫机制研究［EB/OL］. 淮南市人民政府，2017-06-02，http：//www.huoqiu.gov.cn/4663967/8877191.html。

凡是与脱贫无关，就不动、不用”[①]，而一般意义上的财政专项扶贫资金覆盖基础设施、产业扶贫项目资金、就业脱贫项目资金、教育扶贫项目资金、兜底脱贫项目资金、健康脱贫项目资金、金融扶贫项目资金等内容，涵盖涉农整合资金、基础建设基金、“3＋1”财政保障性资金（即财政用于义务教育、基本医疗、住房安全和饮水安全等四个方面的专项扶贫支出）、金融扶贫激励资金等方面。加强财政专项扶贫资金管理，从本质上讲，首先是要统筹各方面、各层次的财政扶贫资金，突出重点使用方向，重点打好深度贫困地区的脱贫攻坚战，特别是提高大别山片区和皖北萧县、利辛县、临泉县、阜南县等地区的财政专项扶贫资金整合力度。其次是提高财政扶贫资金的精准性和有效性，按照“精准扶贫、精准脱贫”的基本方略要求，强化“因人、因村、因病致贫原因”的“精准滴灌”策略，杜绝“大水漫灌”“高射炮打蚊子”，确保项目资金使用精准，提高财政扶贫资金的使用效率。最后是加强对深度贫困地区财政专项资金的巡视监管工作，坚决防止财政专项资金“贪污侵占、截流私分、挪用套取、虚报冒领”等问题。

① 郑言之．人民网评：这笔“保命钱”，为何让总书记愤怒了？［EB/OL］．人民网-观点频道，2017-03-17，http：//opinion.people.com.cn/n1/2017/0317/c1003-29152418.html。

第四章　安徽省 PPP 模式发展现状及前景分析

安徽省 PPP 模式的推广应用，践行了十九大报告中“激发各类市场主体活力”的精神，与应对经济下行压力以及贯彻十八届三中全会关于“允许社会资本通过特许经营等方式参与城市基础设施投资和运营”的精神相契合。PPP 模式是一项推进国家治理现代化的体制机制变革的手段，在全面深化改革中起到了先行先试的探索作用，推动经济发展质量变革、效率变革、动力变革，加快公共服务补短板建设。通过充分竞争、全生命周期管理、风险分担、按效付费和透明公开等创新机制，全面提升公共服务供给效率。通过放宽准入、打破垄断、鼓励竞争等方式，让各种所有制企业公开公正平等竞争，充分释放出社会资本创新的活力，丰富了公共服务供给方式，提高供给质量，降低供给成本。

PPP 模式的意义在于“促进经济转型升级，支持新型城镇化建设的必然要求”“加快转变政府职能、提升国家治理能力的一次机制体制变革”以及“深化财税体制改革、构建现代财政制度的重要内容”。2019 年 3 月 5 日，李克强总理在政府工作报告中强调“落实民间投资支持政策，有序推进政府和社会资本合作（PPP)”，政府对 PPP 模式的支持力度逐渐加大。PPP 模式在我国先后经历了探索试点、推广应用阶段，2018 年开始步入全面规范高质量运行阶段。在安徽省迈向现代化的进程中，PPP 模式的重要性不言而喻，对其发展现状、相关政策以及应用前景的分析将服务于安徽省深化经济体制改革和转变政府职能的双重需要。

第一节 安徽省PPP模式发展状况分析

随着安徽省城镇化水平的加速、供给侧结构性改革的持续发力以及政府职能的转变，PPP模式可以有效调动政府和市场的双重积极性，在对公共服务和基础设施的供给方面发挥主导作用。2018年以来，在安徽省财政厅、安徽省发展和改革委员会的大力推广下，PPP投资增速较快，进入高质量发展阶段。在这一发展阶段，明显特征是以示范项目的引领，来推动PPP模式的全面有序实施。鉴于财政部政府和社会资本合作中心"PPP综合信息平台收录管理库项目"的政策导向性和典型性，能基本反映和代表我省PPP模式的性质和特征，故本书以其所涉项目为主要研究对象。

一、安徽省PPP项目数全国名列前茅，落地率居全国第二

经过近几年的发展，安徽省PPP模式的应用已经逐渐被社会广泛接受并有一定规模，且已经深入经济社会的各个领域。根据财政部《全国PPP综合信息平台项目管理库2018年报》，截至2018年12月末，全国PPP综合信息平台收录管理库项目为8654个，投资额为13.2万亿元，其中已落地项目4691个，落地率54.2%、开工率（开工项目数占落地项目数的比例）为47.7%。现有国家示范项目989个，总投资2.2万亿元，落地率90.5%，开工率59.0%。

同期，安徽省纳入管理库项目448个，投资额4996.21亿元，见表4-1所列；落地数305个、居全国第二，投资额2927.66亿元，落地率68.08%，高于全国平均13.87个百分点；开工项目数255个、居全国第二，开工率83.61%、居全国第一。民企参与项目147个，参与率48.20%。另外，在国家示范项目建设方面，我省国家示范项目四批次共55个项目，总投资896.55亿元，落地率100%，高于全国示范项目落地率9.5个百分点；已开工项目53个，开工率96.36%，高于全国示范项目开工率37.36个百分点。安徽省PPP投资已然是"稳

增长、促改革、调结构、惠民生的重要抓手”，也是供给侧结构性改革的重要抓手。

表 4-1　2018 年末省（市）入库项目数量和投资额

地区	入库项目数量（个）	入库项目金额（亿元）	地区	入库项目数量（个）	入库项目金额（亿元）
安徽省	448	4996.21	湖北省	393	6139.22
北京市	60	1941.81	湖南省	420	5751.01
天津市	33	891.00	广东省	453	59689.09
河北省	345	5471.31	广西壮族自治区	171	2485.19
山西省	358	2772.86	海南省	99	951.37
内蒙古自治区	280	2783.86	重庆市	32	835.18
辽宁省	114	1139.09	四川省	523	8641.02
吉林省	161	3006.97	贵州省	528	237239.33
黑龙江省	92	1215.12	云南省	453	11247.41
上海市	3	19.95	西藏自治区	2	97.44
江苏省	367	7904.38	陕西省	262	3751.65
浙江省	449	8501.46	甘肃省	99	2387.4
福建省	334	3554.97	青海省	32	527.47
江西省	312	2665.79	宁夏回族自治区	46	509.90
山东省	759	28853.87	新疆维吾尔自治区	363	5507.89
河南省	644	7908.58			

资料来源：根据政府和社会资本合作中心的有关数据整理。

二、安徽省 PPP 项目地域分布及运行阶段分析

（1）各地积极开展 PPP 项目。安徽省 PPP 投资从市级层面的项目数量来看，各市均有 PPP 项目的布局，但各地 PPP 项目需求仍存在较大差异，在项目数上，阜阳市一枝独秀，以 61 项居于首位，安庆市以 48 项居第二位，六安市以 41 项居第三位，如图 4-1 所示。PPP 项目的责任主体在地方，绝大多数 PPP 项目由市、县级政府决策，地方政府负主体责任。项目的顺利实施，进一步推动了当地政府职能转变，

提升了公共服务的质量和效率，支持了地方经济社会发展，增强了人民群众的获得感。

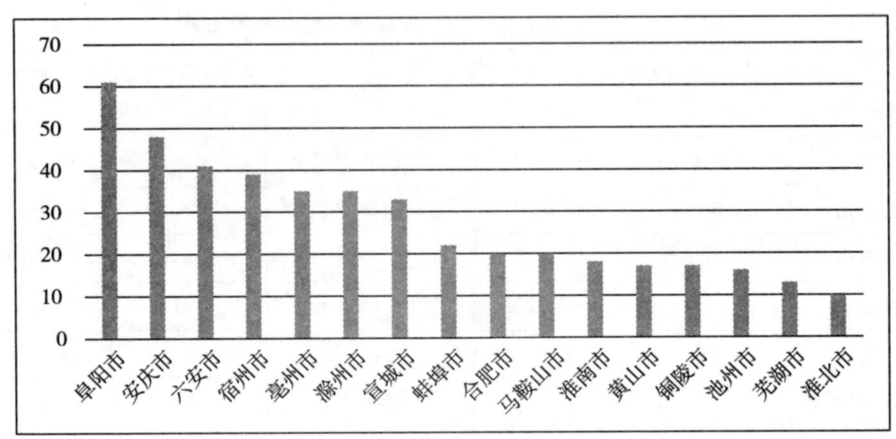

图 4-1　PPP 模式示范项目数量地区分布

资料来源：根据财政部政府和社会资本合作中心的有关数据整理。

（2）执行阶段的项目数量稳中有进。在安徽省 PPP 项目库中，处于项目准备、采购、执行阶段的项目数分别为 72 个、71 个和 305 个，投资额分别为 1011.21 亿元、1057.34 亿元和 2927.66 亿元，落地率为 68%，如图 4-2 所示。我省受项目库清理影响较小，入库项目数、落地项目数均持续稳步增长（表 4-2）。

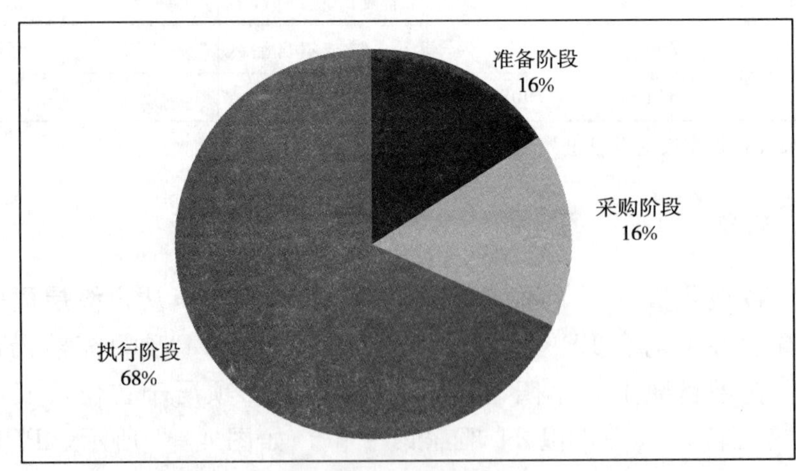

图 4-2　安徽省 PPP 项目运行阶段分布情况

资料来源：根据财政部政府和社会资本合作中心的有关数据整理。

表 4-2 2018 年四季度情况对比 （单位：亿元）

时间	入库总数	准备阶段		采购阶段		执行阶段	
		个数	金额	个数	金额	个数	金额
2018 年一季度	356	56	596.56	71	1010.33	229	2293.43
2018 年二季度	384	60	796.19	77	887.14	247	2538.50
2018 年三季度	419	71	974.77	74	844.48	274	2596.81
2018 年四季度	448	72	1011.21	71	1057.34	305	2927.66

资料来源：根据安徽省财政厅、政府和社会资本合作中心的有关数据整理。

（3）落地项目数逐年增多。落地项目数居前 3 名的是阜阳市、六安市、安庆市，合计占落地项目总数的 33.77%；落地项目投资额居前 3 名的分别是阜阳市、合肥市、六安市，分别为 460.76 亿元、352.24 亿元、292.54 亿元，合计占落地项目投资额的 37.76%，如图 4-3 所示。

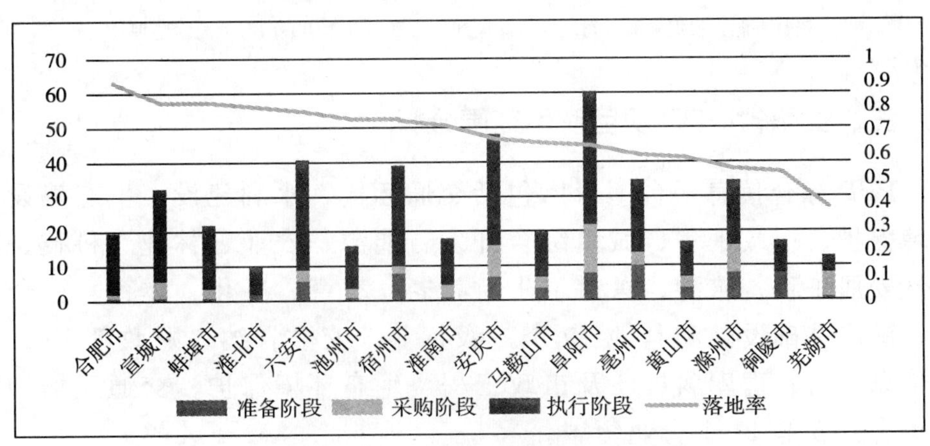

图 4-3 2018 年各阶段项目数量及落地率

资料来源：根据安徽省财政厅、政府和社会资本合作中心的有关数据整理。

（4）PPP 项目开工率较高。截至 2018 年末，全省 PPP 项目开工数为 255 个，投资额为 2213.97 亿元，开工率为 83.61%，高于全国平均水平 35.91 个百分点。开工项目数居前 3 名的是阜阳市（31 个）、安庆市（28 个）、六安市（26 个），合计占开工数的 33.33%；开工投资额居前 3 名的是亳州市、阜阳市、六安市，分别为 274.21 亿元、

263 亿元、203.25 亿元，合计占开工项目投资额的 33.49%，如图 4－4所示。

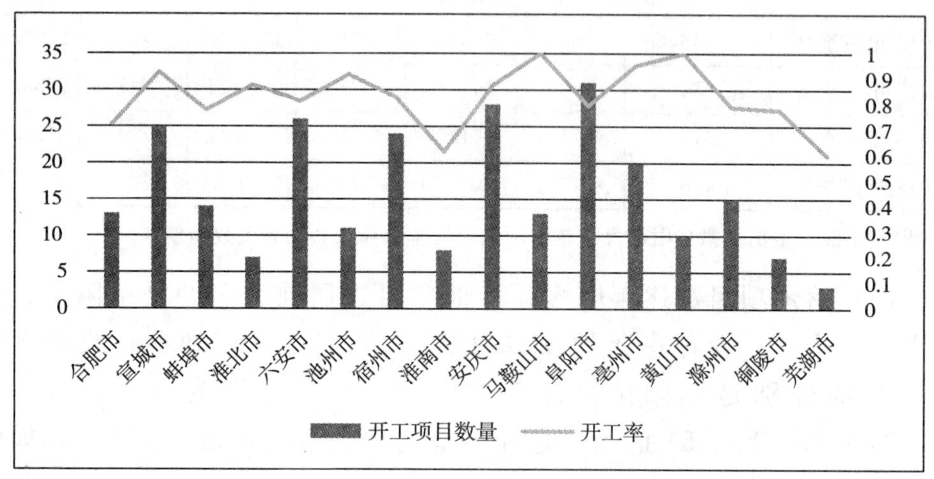

图 4－4　开工项目数量和开工率

资料来源：根据安徽省财政厅、政府和社会资本合作中心的有关数据整理。

三、安徽省 PPP 项目使用范围分析

PPP 综合信息平台项目库包括交通运输、水利建设、生态建设和环境保护、市政工程、城镇综合开发、能源、农业、林业、科技、保障性安居工程、旅游、医疗卫生、养老、教育、文化、体育、社会保障、政府基础设施和其他 19 个一级行业。安徽省纳入财政部 PPP 综合信息平台管理库项目涉及市政工程、生态环境保护、交通运输、城镇综合开发等 17 个行业领域。

安徽省 PPP 项目行业集中度较高，从项目数量来看，市政工程、生态建设和环境保护、交通运输领域的投资项目数位居前三；市政工程、生态建设和环境保护两个领域的投资项目数占据了 PPP 项目总数的 50%以上，如图 4－5 所示。随着安徽省城镇化的快速发展，市政工程类 PPP 项目的市场需求也逐步增大，项目的占比最大，对其进一步细分，主要涵盖污水处理、市政道路、管网、垃圾处理、供水、供热、轨道交通、停车场、排水、海绵城市、景观绿化、供气、公园、公交

以及其他15类。生态建设和环境保护类项目数量位居第二，充分说明我省近年来在环境治理方面的努力。交通运输类项目数量占项目总数的12.72%，可见作为基础性和先导性的交通运输业，虽经过多年的改革和投资，基本状况有了极大的改观，但市场需求仍然较大，“十三五”时期是我省高速公路加速成网的关键时期，公路建设任务重，时间紧，压力大，相应的投资也不断地增加。

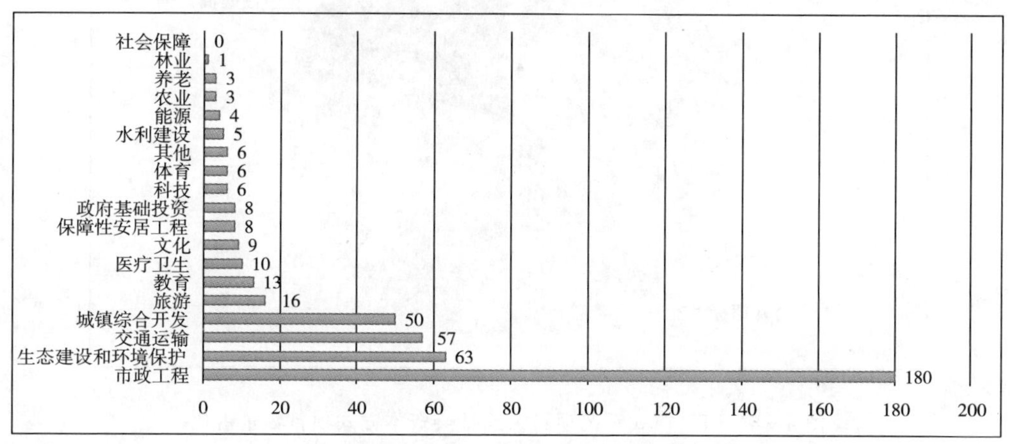

图4-5 PPP示范项目数量及投资总额分布领域及所占比重

资料来源：根据政府和社会资本合作中心的有关数据整理。

四、安徽省PPP项目采购社会资本方式选择分析

合适的社会资本合作伙伴是PPP项目成功的前提。合作伙伴的选择处于PPP项目的采购阶段。采用招投标的方式选择PPP项目合作伙伴是PPP项目实施的有效途径，是PPP项目成功的关键之一。目前尽管PPP项目采购方式中有公开招标、邀请招标等诸多方式，但公开招标占有绝对比例。通过对PPP综合信息平台安徽省项目库中的448个示范项目的数据分析，如图4-6所示，公开招标共327项，占项目总数的73%。这符合《政府采购法》第26条的规定：公开招标应作为政府采购的主要采购方式。竞争性磋商占项目数量的21%，其他依次为单一来源采购、邀请招标以及竞争性谈判。可见，安徽省PPP项目采购社会资本的主要方式为公开招标模式。该模式适用于核心边界条

件和技术经济参数明显完整的采购项目，采购方式公开透明，反映我省的公共财政朝着公开化、透明化的方向发展。

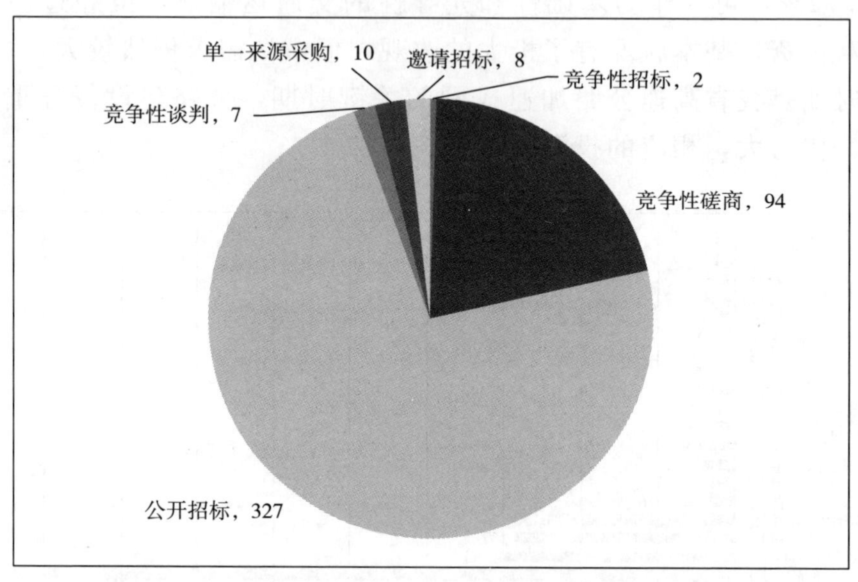

图 4-6 PPP 模式示范项目采购社会资本方式项目数量占比

资料来源：根据政府和社会资本合作中心的有关数据整理。

五、安徽省 PPP 示范项目回报机制选择分析

PPP 模式的付费机制可以分为两类：可用性支付机制和以收入为目标的支付机制。从社会资本的角度来看，其回报机制分为使用者付费（主要是经营类项目）、政府付费（主要是非经营类项目）和可行性缺口补助（主要是准经营类项目）三种方式。在 PPP 项目中，合理的回报机制是政府和社会资本成功合作的重要保证，也是 PPP 项目实现管理规范化的重要支撑。从图 4-7 来看，安徽省 PPP 示范项目的回报机制中，政府付费占 51%；其次是可行性缺口补助，占 46%，使用者付费占 3%。

根据对全国 PPP 综合信息平台收录管理库中安徽省 PPP 项目的分析，发现投资回报来源少的公益类项目（如生态建设和环境保护类项目）主要采用的是政府付费机制，而投资回报具有明显来源的经营性

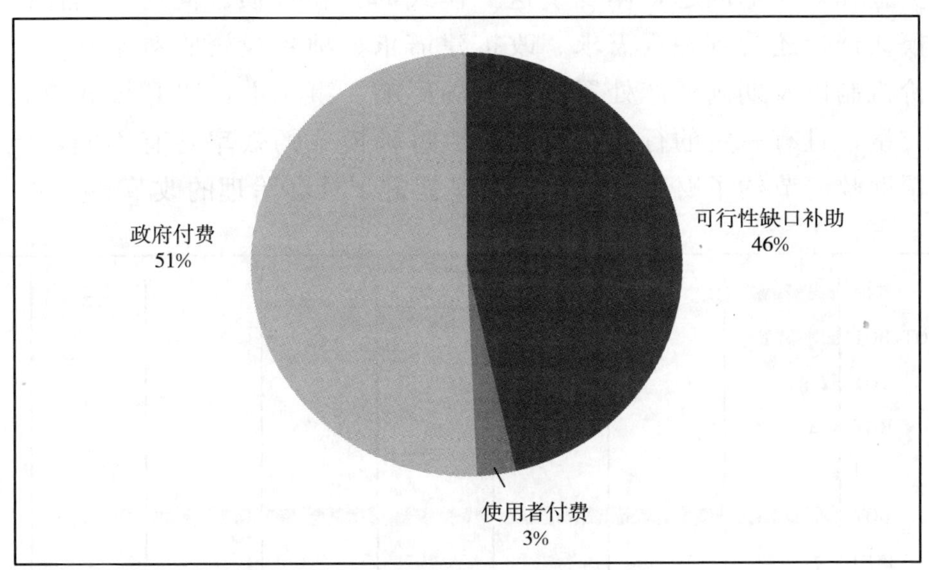

图 4－7　PPP 示范项目的回报机制选择

资料来源：根据政府和社会资本合作中心的有关数据整理。

或准经营性项目（如交通运输和养老类项目）多数采用可行性缺口补助以及使用者付费，政府倾向于使用者付费机制，因为它给政府带来较小的直接财政支出压力。

六、安徽省 PPP 示范项目运作方式分析

各种不同的 PPP 模式均有自己的特点，因此，对应的公共服务项目也要科学慎重地选择不同的提供方式。在实际操作中，合理的运作方式是 PPP 模式得以顺利实施的重要基础。PPP 项目具体运作方式的选择主要取决于六个关键因素，分别是：收费定价机制、投资收益水平、风险分配框架、融资需求、改扩建需求和期满处置等。通过对项目库中示范项目运作方式的分析和归纳，将其分为 BOT、TOT、ROT、BOO、TOT＋BOT、O&M 以及其他等类型。PPP 示范项目的各种运作方式的数量如图 4－8 所示。其中，BOT 项目数量位居第一，是我省 PPP 模式项目运作方式的首选。BOT 模式具有广泛的适用性，对 BOT 模式的优先选择，反映了政府在不失去所有权的同时解

决资金和效率的问题，体现了这一模式的公益性质。同时，具体的运作模式选择还受到融资需求、改扩建需求、项目投资收益水平、收费定价机制以及期满资产处置等因素的影响。事实上，PPP 模式有很多种类型，且有一定的行业特点，虽然每种模式的效率各有不同，但它们帮助政府节约了财政资金，同时又促进了社会治理的改革。

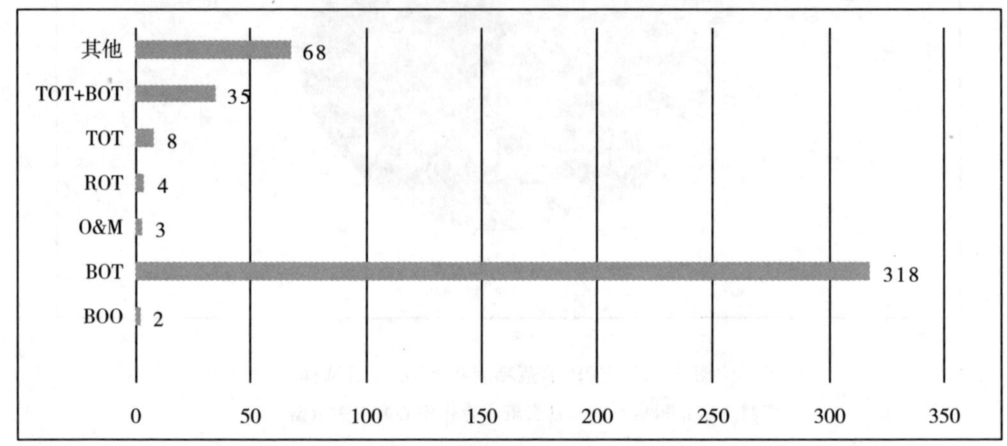

图 4-8　PPP 示范项目的项目运作方式

资料来源：根据政府和社会资本合作中心的有关数据整理。

七、安徽省 PPP 示范项目民营企业参与情况分析

安徽省民营独资或者以联合体形式参与的项目共 147 个，占落地数的 48.20%，民企参与项目投资额 1190.94 亿元，占落地项目投资额的 40.68%。民企参与数量居前 3 名的市是阜阳市、六安市、宿州市，分别为 25 个、19 个、15 个，合计占民企参与项目数量的 40.14%，如图 4-9 所示。

第二节　安徽省 PPP 模式规范发展的建议

现阶段要坚持以习近平新时代中国特色社会主义思想为指导，以供给侧结构性改革为主线，不断深化改革，坚持问题导向，切实发挥

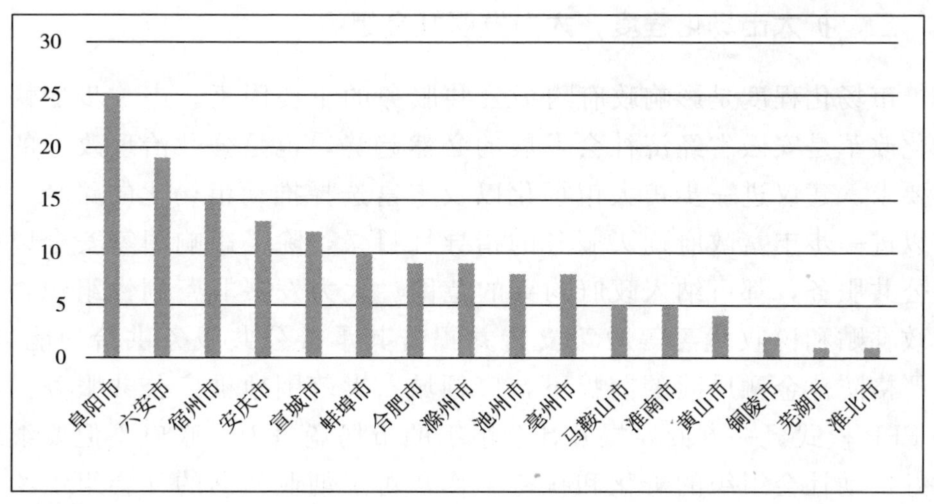

图 4-9　安徽省各市民企参与项目数量

资料来源：根据安徽省财政厅、政府和社会资本合作中心的有关数据整理。

PPP 模式在“稳增长、促改革、调结构、惠民生、防风险”过程中的积极作用。PPP 模式有广阔的发展前景和空间，只有规范发展、严控风险，安徽省的 PPP 模式才能行稳致远。针对 PPP 改革实践的现状，笔者认为需要从以下几个方面进行完善。

一、认清 PPP 的本源

PPP 本源是提高公共服务供给质量和效率，不是简单的融资工具。PPP 项目发展的关键是回归本源。单纯讲融资，可以直接动员、号召金融机构参与；单纯讲建设，可以直接要求中建、中铁等企业参与。PPP 模式的关键是引资引智、参与政府治理，发挥“专业人干专业事”的优势，改善公共服务。PPP 项目本质上是一个投资项目，必须要遵循投资项目最基本的规则。投资项目要求资本金自有，需要合理的融资结构。要鼓励地方政府拿出切实可行的好项目，鼓励社会资本开动脑筋、贡献智慧，挖掘项目本身的市场潜力，开发更多自身具有稳定现金流的项目。此外，社会资本不能只搞建设，要负责项目运营，实现全生命周期管理，参与政府治理。

二、扩大市场化程度，大力发展社会组织

市场化程度是影响政府购买公共服务的主要因素。进一步加快市场化改革是安徽省经济社会发展的必然趋势，也是公共治理改革的基本要求。建议进一步扩大市场化以及丰富选择推动市场化的路径，如可以进一步丰富政府购买服务的指导性目录，除了影响国家安全以外的公共服务，都可纳入政府购买的范围。大力发展非营利性组织，以财政补贴和税收优惠等政策支持并提升其承接公共服务供给的能力，在严格防范金融风险的前提下，广领域、大范围地推广公共服务供给的 PPP 模式。一方面要提升社会组织的市场竞争力。政府不但要继续做好推动社会组织的孵化和扶持工作，对于创业初期的社会组织给予支持，而且还应当为社会组织参与市场竞争营造公平的环境，鼓励它们走出去。另一方面要分层次、分行业、有重点地扶持社会组织。充分发挥政府扶持资金的导向作用，可以优先扶持社区社会组织，社区社会组织贴近百姓，能了解民情民意，也能提供百姓需要的公共服务，如文化体育、养老助残、矛盾调解、就业援助等，可以重点发展这些与百姓日常生活息息相关而政府不能有效提供或不宜直接提供的专业化、个性化公共服务。

三、提升 PPP 模式供给公共服务的效率

地方政府是供给公共服务的主体，其财政能力直接影响 PPP 的规模，但各级政府间的共同财政事权和支出责任范围仍然较大，存在一定程度上的财政职能边界的模糊。为此，需要进一步完善财政体制，优化政府间的财政关系。具体来看，城市化水平对 PPP 模式的供给效率有较大的促进作用，政府规模的合理扩大也有助于推动 PPP 模式的设立和运行，更能在整体上提升公共治理的效率。此外，各市、县（区）财政局要继续加大对入库项目的审核力度，强化 10%的红线约束，防范财政风险；加强项目全生命周期的信息管理，会同业务主管部门及时掌握项目动态，按照项目进度及时录入和更新信息；加强对项目变更的管理，市县作为项目责任主体，要确保项目变更合法合规，

经解锁备案，及时更新平台信息，进而提高项目运行效率。此外，从微观层面来看，相对于传统的公共服务供给模式，PPP 模式的供给效率虽然有了较大幅度的提升，但仍有继续改善的空间，特别是对 PPP 模式运行环境的改善更能进一步提高效率。

第三节　安徽省农业 PPP 投资迎来新机遇

安徽是传统的农业大省，PPP 模式将是引导社会资本增加安徽省农业投入的重要手段。农业是投资数额很大且回收周期长、见效比较慢的行业，传统农业分散经营的利润低。虽然政府对农业、农村投资和支持的形式很多，但仅靠加大财政投入远远不够，农业、农村发展过程中缺资金、缺人才，迫切需要通过多种渠道来增加投资。我国乡村振兴战略的实施，激发了各类资本投入农业、农村的信心和动力。

一、安徽省农业投融资难题仍待破解

长期以来，安徽省农业发展始终面临着融资难的障碍。一方面农业生产周期长，影响投资回报周期，行业的周期波动也十分明显，必须要有足够的耐心和承受力等待未来的资金回报。另一方面，我省农业基础设施薄弱，农业基础设施建设投入较大，社会资本参与度不高，即使部分社会资本勉强进入，也容易导致“短期行为”。此外，我省农业正处于由传统农业向现代农业转型的初期，符合投资标准的标的也相对稀缺。在农业企业管理和规范性方面，更是考验投资人的眼光及管理能力，除了必须面对自然灾害的风险，农业企业经营管理人才、科技人才的短缺也是投资农业的难题。

农业建设项目单体投资规模与其他行业相比，体量较小，特别是有影响的重大标志性工程更少。另外，目前农业生产主体分散的问题依然存在，农业生产经营主体较其他行业，在资金、技术、设备等方面相对比较落后，在争取大项目投入方面的实力明显较弱。现阶段，安徽省第一产业固定资产投资继续快速增长，增速大幅高于第二、第

三产业。投资领域越来越宽，对农产品加工业、休闲农业、乡村旅游、农业废弃物资源化利用、农村电商等新产业、新业态的投资比较明显。同时，投资方式也日益多样，过去更多的是以项目为载体开展投资，现在呈现出一种并购整合的投资方式。各类农业新型经营主体在消费结构升级的基础上发力适度规模经营，对农业投资的积极性在不断加大。社会资本进入和随之带来的管理资源、经营理念，将有效提升农业整体的经营水平。当然，在社会资本的参与过程中，要强化社会资本准入资格审查，因地制宜，避免由于社会资本进入农业的盲目性导致资本流失，甚至失去再投入的信心。此外，还应加强社会资本进入农业的资本审查，尤其是对社会资本流转农户土地发展现代农业前，要对其投资动机、资金情况、经营能力等方面做出评估，对实施情况进行全程监控，做到优胜劣汰。

二、安徽省农业投资中的 PPP 模式的应用领域

2017 年 6 月，财政部、原农业部发布了《关于深入推进农业领域政府和社会资本合作的实施意见》。文件破除社会资本进入农业公共服务领域的隐性壁垒，重点引导农业 PPP 参与农业绿色发展、高标准农田建设、现代农业产业园以及“互联网＋”现代农业等领域的公共产品供给。此后，政府和社会资本合作，农业 PPP 投资迎来新机遇。与此同时，国家强农惠农政策也为资本投入农业添加了底气。《全国农业现代化规划（2016—2020 年）》确定了一系列重大工程。在创新强农方面，重点支持现代种业建设、种养结合循环农业等。在协调惠农方面，重点支持农村一、二、三产业融合发展、新型经营主体培育等。2019 年《中共中央国务院关于坚持农业农村优先发展做好“三农”工作的若干意见》提出，加快制定鼓励引导工商资本参与乡村振兴的指导意见，落实和完善融资贷款、配套设施建设补助、税费减免、用地等扶持政策，这都为工商资本进入农业、农村铺平了道路。具体来看，安徽省农业投资中的 PPP 模式的应用领域主要有以下几个方面。

（1）农业基础设施供给。项目主要包括基础设施建设和生态环境改造工程，实施公路、桥梁、电力改造、水利改造、安全饮水工程、

规模化生物天然气示范项目、农村垃圾及污水处理以及生态修复工程等。其中在农田水利方面关注灌溉与排水工程，具体内容包括机井工程、蓄水池工程、地埋管道工程、系统附属设施、渠系建筑物工程、输配电工程、配备喷灌机等，还包括田间道路工程、泵房输配电工程以及地面管道自动控制系统、智慧农业云系统等。

（2）农村人居环境整治。实施乡村振兴战略的首要目标是农村环境的优化，农村人居环境改善离不开真金白银的投入。受历史条件制约，公共财政对农村投入长期不足，农村人居环境欠账较多。2018年，安徽省农村人居环境整治行动启动，各地积极推进农村垃圾治理、污水处理、“厕所革命”、村庄清洁行动等，农村面貌正发生巨大变化，农民生活方式开始绿起来、农村生态环境开始美起来。在资金投入方面，农村人居环境整治既要解决资金投入问题，又要解决后续管护问题。要明确地方政府、有关部门和运行管理单位的责任，建立长效管护机制。同时，鼓励专业化、市场化建设和运行管护，采取以奖代补、先建后补等多种方式，吸引社会资本投入。项目内容包括民居改造、安全饮水、污水治理、道路硬化亮化、厕所改造、清洁能源利用、垃圾治理、村庄绿化、电商平台建设、乡村文化建设和基层组织建设。

（3）现代农业产业园，即田园综合体项目。集田园观光、农业体验、特色人文、精品村落等景观为一体，构筑一个大的田园综合体旅游风光区。为了更好地促进农业产业园可持续发展，进一步开展生态农业项目的投资、建设工作，以农业大棚观光农业为龙头，结合旅游开发的配套设施，形成集种养、加工、销售、仓储、物流、生态休闲为一体的城郊型经济模式，并通过建设精品生态苗圃，种植生态接受性和耐受性较好、去除污染物能力较强的苗木，在美化城市景观、改善环境质量的同时，打造高端苗木基地，完善农林产业链。

三、案例分析——安徽省黄山市农村生活垃圾治理PPP项目

1. 现实需求

安徽省黄山市歙县森村乡位于歙县东南部，32个自然村共4062户居民，平均日产生垃圾量5吨左右。直到2017年，垃圾都是由聘请

的保洁员拿着铁锹与扫把，骑着三轮车在村里收集，再送到乡里的垃圾焚烧处理站。简易的焚烧炉无法达到无害化处理的要求，污染多，不少老百姓有意见。但是，垃圾处理的经费是令乡镇头疼的一大难题。

2. 选择供给方式

安徽省黄山市农村生活垃圾治理项目覆盖人口共计约 116 万人，占全市人口的 79%，覆盖地域面积约 9188 平方公里，占全市面积的 95%。项目规模较大，覆盖了全市三区四县的农村生活垃圾的收集和转运，能够较好地提升农村公共服务水平，让农民分享经济发展成果，也将使农村环境卫生得到较大幅度的改善。为了更加有效地处理农村垃圾，作为环卫项目，可以采用 PPP 模式实施本项目，能够高度整合全生命周期内的政府和社会资本方的权利和义务，符合现行法律法规规章和政策等的要求。引入市场机制将较好地提升公共服务的效率，一方面，能够促进政府创新，发挥统筹与监管职能，确保技术设施与公用事业的供给；另一方面，鼓励社会资本提升工艺技术、运营管理以及融资等方面的综合实力，提高项目运行效率、降低运营成本，符合物有所值的原则。此外，该项目经过了财政承受能力论证。因此，黄山市在安徽率先将政府和社会资本合作提供公共服务的 PPP 模式用于全市域农村生活垃圾治理。

3. 项目范围及权责

本项目范围是除黄山市下辖“三区四县”：屯溪区、黄山区、徽州区、歙县、休宁县、黟县、祁门县的主城区外的农村生活垃圾治理工作（不包括由管委会管理的风景区）。本项目服务内容包括：项目范围内公共区域的清扫保洁、水域保洁、垃圾前端收集、压缩转运体系和数字化管理平台的投资建设及运营工作。本项目将最终把约 434.55 吨/天的生活垃圾全部运至黄山市垃圾焚烧发电厂（岩寺镇洪坑村）。2018 年 6 月，黄山市政府指定城市投资管理有限公司作为政府出资代表，牵头中标企业成立了 PPP 项目公司——黄山市中环洁城市环境管理有限公司。该公司具体权责有：（1）负责投资购买（建设）本项目所需要的设备（设施）；（2）负责提供在本项目服务区域范围内的清扫保洁、生活垃圾收集和转运等服务；（3）负责本项目运营期内的运营维护工作；(4) 通过收取服务费的方式收回投资成本并获得合理回报；(5) 项目合作期为 15.5 年（建设期 6 个月，运营期 15 年），合作期满后，项目公司将为本项目购买（建设）的设备（设施）无偿移交给黄山市政府或其指定机构，未达到使用年限的设备（设施）必须在使用年限内保持其可用性。

4. PPP 项目的实施

该项目采用 BOT 模式，将农村垃圾治理交给专业的保洁公司，政府按效果付费，管理模式简单明了，权责关系清晰。目前，该区县为 PPP 项目的实施和付费主体。区县政府与项目公司签订政府购买协议并支付项目费用，市级补助资金经测算后发放到区县。2018 年 10 月 1 日，森村乡与中环洁城市环境管理有限公司完成了保洁交接工作，森村乡的垃圾最终被送到市焚烧发电厂，变废为宝。目前，黄山市农村生活垃圾治理 PPP 项目在全市正式运营，全市所有农村生活垃圾被压缩转运至市焚烧发电厂，无害化处理率达到 100%。目前，该 PPP 项目仍处在执行阶段，对于农村垃圾处理有较强的借鉴意义。

第五章 2018 年安徽省政府债券情况分析

自 2015 年新《预算法》允许省级地方政府发行债券以来，安徽省逐年规范政府债务制度，在政府债券发行、使用、偿还及风险预警方面都取得了良好的成绩，政府负债率及债务率均控制在全国较低水平，且极大地促进了安徽省经济社会的高质量发展。

第一节 2018 年安徽省政府债券总体情况分析

一、2018 年安徽省政府债券发行情况分析

（一）政府债券发行总量

2018 年，安徽省累计发行政府债券 2247.9 亿元，是 2015 年启动自发自还债券工作以来发行额度最高的一年。在发行期数方面，2018 年安徽省总共发行了 28 期地方政府债券，与 2017 年的发行期数一致，发行期数保持在较高的水平。

1. 置换债券发行情况

经安徽省政府授权，2018 年 3 月 28 日和 2018 年 8 月 29 日，省财政厅通过财政部国债发行招投系统，面向 14 家定向承销发行承销团成员，定向承销发行了第一批定向置换债券和第二批定向置换，其中第一批置换债券也是安徽省 2018 年第一批政府债券。2018 年安徽省发行置换债券总额为 542.36 亿元，其中包括 331.76 亿元的一般债券，210.59 亿元的专项债券。其中，3 年期债券 46 亿元，5 年期债券 222.57 亿元，7 年期债券 258.05 亿元，10 年期债券 15.73 亿元，平均利率分别为 4.1%、4.09%、4.25%、4.34%，见表 5－1 所列。

表 5－1　2018 年安徽省地方政府定向置换债券发行情况

债券名称	期数	发行规模（万元）	发行期限（年）	票面利率（%）
第一批定向置换一般债券	一	460000	3	4.1
第一批定向置换一般债券	二	460000	5	4.23
第一批定向置换一般债券	三	460000	7	4.35
第一批定向置换一般债券	四	157349	10	4.34
第一批定向置换专项债券	一	640000	5	4.23
第一批定向置换专项债券	二	620502	7	4.35
第二批定向置换一般债券	一	780290	5	3.96
第二批定向置换一般债券	二	1000000	7	4.16
第二批定向置换专项债券	一	345421	5	3.96
第二批定向置换专项债券	二	500000	7	4.16

2. 一般债券发行情况

经安徽省政府授权，省财政厅通过财政部国债发行招投标系统，面向 2018—2020 年安徽省政府债券承销团成员，中央国债登记结算有限责任公司、中国证券登记结算有限责任公司、上海证券交易所、深圳证券交易所分别在 2018 年 5 月 31 日、2018 年 7 月 20 日、2018 年 8 月 29 日发行了三批一般债券，发行总额共计 600.04 亿元，其中 3 年期 100 亿元，5 年期 275.59 亿元，7 年期 224.45 亿元，见表 5－2 所列。

表 5－2　2018 年安徽省地方政府一般债券发行情况

债券名称	期数	发行规模（万元）	发行期限（年）	票面利率（%）
一般债券	一	1000000	3	3.86
一般债券	二	1013486	5	4
一般债券	三	1000000	7	4.15
一般债券	四	730383	5	3.74
一般债券	五	1000000	7	3.9
一般债券	六	1012076	5	3.82
一般债券	七	244450	7	3.98

3. 专项债券发行情况

经安徽省政府授权，省财政厅通过财政部国债发行招投标系统，面向 2018—2020 年安徽省政府债券承销团成员，分别在 2018 年 5 月 31 日、2018 年 7 月 20 日、2018 年 8 月 29 日、2018 年 9 月 27 日、2018 年 10 月 30 日发行了五批专项债券，主要用于土地储备、棚户区改造、收费公路等大项目，最后一批专项债券也是 2018 年安徽省发行的最后一批债券，标志着 2018 年安徽省政府债券发行工作圆满结束，专项债券发行总额为 1099.49 亿元，是发行的债券种类中规模最大的。专项债券发行的期限分类如下：3 年期 17.2 亿元、5 年期 927.96 亿元、7 年期 134.33 亿元、10 年期 20 亿元，平均利率分别为 3.74％、3.88％、4.09％、4.07％，见表 5－3 所列。

表 5－3 2018 年安徽省地方政府专项债券发行情况

债券名称	期数	发行规模（万元）	发行期限（年）	票面利率（％）
专项债券	一	1000000	5	4.16
专项债券	二	728060	7	4.23
专项债券	三	965368	5	3.85
专项债券	四	535772	7	3.98
专项债券（土地储备一期）	五	171984	3	3.74
专项债券（土地储备二期）	六	2560738	5	3.9
专项债券（棚户区改造一期）	七	4570282	5	3.9
专项债券（棚户区改造二期）	八	79465	7	4.07
专项债券（收费公路一期）	九	200000	10	4.07
专项债券（土地储备三期）	十	117683	5	3.75
专项债券（棚户区改造三期）	十一	65549	5	3.75

4. 发行债券总体分析

从图 5－1 可以看出，2018 年是安徽省发行债券规模最大的一年，达到 2247.9 亿元，比 2017 年增长了 53.74％，显示了安徽省发行政府债券的信心和能力，这依赖于经济的高质量发展和地方政府债券的规范管理。在发行期数方面，2018 年总共发行了 28 期债券，包括发行置换债券、一般债券和专项债券，与 2017 年的发行期数保持一致，但多于 2015 年和 2016 年。

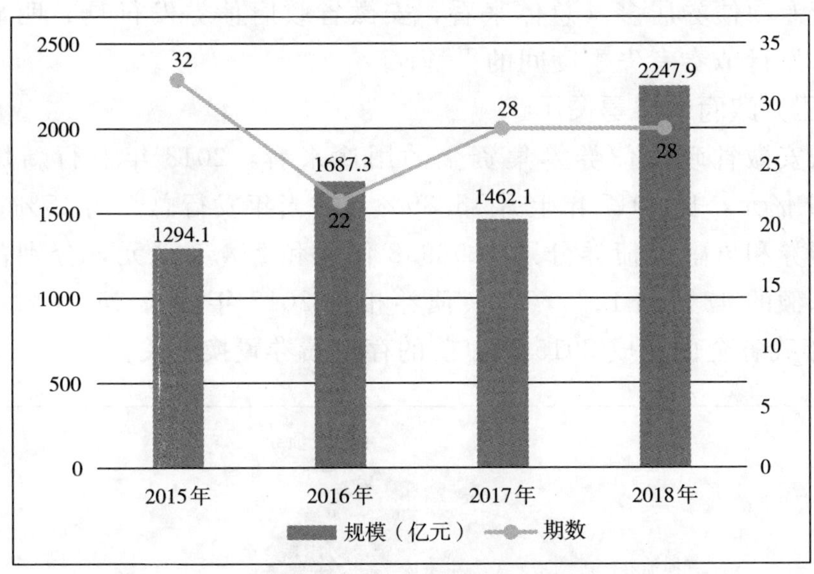

图 5－1　2015—2018 年安徽省政府债券发行总量和期数

2018 年安徽省政府债券发行情况，如图 5－2 所示。

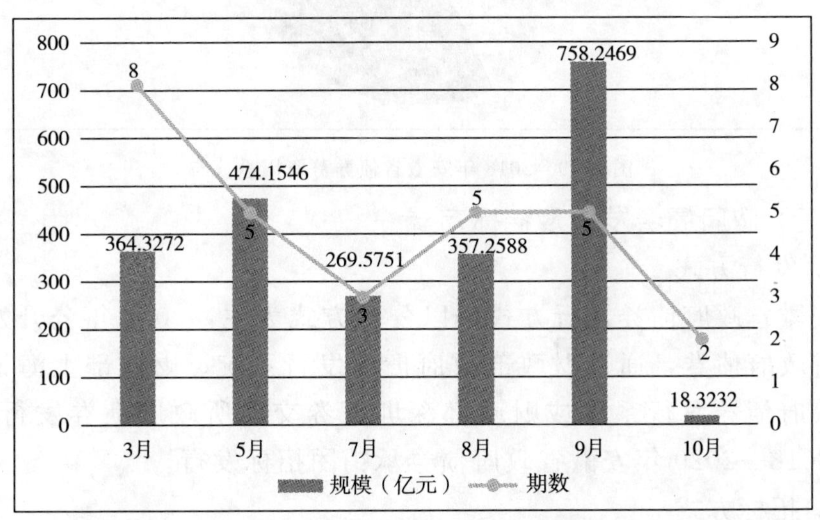

图 5－2　2018 年安徽省政府债券发行情况

受我国政府预算制定和决算的时间周期影响，年初和年末安徽省政府没有发行债券。发行债券大多数集中在每年中期的 5—9 月份，其中 9 月份发行债券最多，而 7—10 月持续发行债券，且发行的债券中以政府专项债券居多。总体来看，安徽省政府债券发行具有明显的季节性，发行节奏有失季度间的平衡。

（二）政府债券募资用途

从安徽省政府债券筹集资金的用途来看，2018 年发行新增债券 1003.6 亿元，比 2017 年上升 45.89%，占当年发行总额的 45%；发行置换债券和再融资债券分别为 969.8 亿元和 274.5 亿元，分别占当年发行总额的 43% 和 12%，置换债券相比 2017 年增长 25.26%，这与 2018 年我省全面完成 2015 年以前的存量债券置换有关。

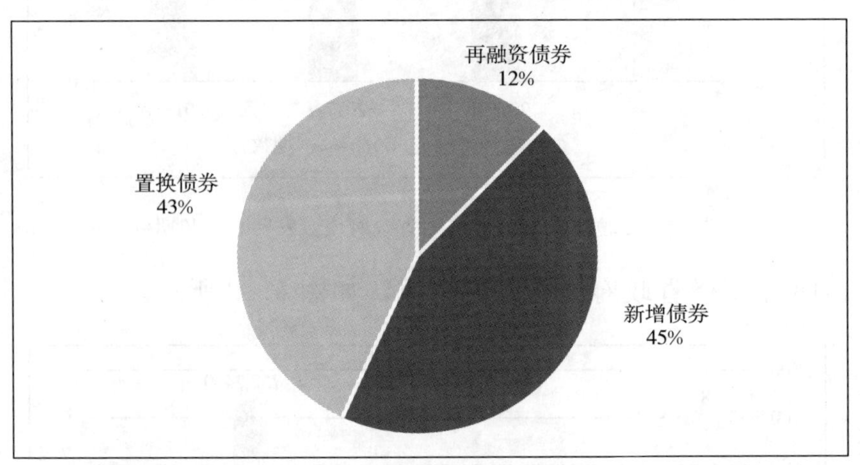

图 5-3 2018 年安徽省债券募资用途分布

（三）政府债券发行及招标方式

1. 发行方式

安徽省政府债券发行方式仍以公募方式为主，2018 年公开发行的安徽省政府债券，通过财政部政府债券发行系统、财政部上海证券交易所政府债券发行系统或财政部深圳证券交易所政府债券发行系统，面向 2018—2020 年安徽省政府债券承销团招标发行。

2. 招标方式

安徽省政府债券招标发行采用单一价格招标方式，招标标的为利率，全场最高中标利率为安徽省政府债券票面利率，各中标承销团成员按面值承销，投标的标位、投标量、最低承销额按招标规定细则进行。

3. 2018 年安徽省政府债券调整承销团成员情况

根据《安徽省财政厅关于组建 2018—2020 年安徽省政府债券承销团的通知》（财债〔2017〕1795 号）有关规定，同时结合各承销机构的债券承销情况，对 2018—2020 年安徽省政府债券承销团成员进行调整，具体名单如下：

（1）确定建设银行等 6 家金融机构为主承销商，具体为：中国建设银行股份有限公司、中国农业银行股份有限公司、中国工商银行股份有限公司、交通银行股份有限公司、中国银行股份有限公司、徽商银行股份有限公司。

（2）确定邮政储蓄银行等 4 家金融机构为副主承销商，具体为：中国邮政储蓄银行股份有限公司、上海浦东发展银行股份有限公司、兴业银行股份有限公司、中国民生银行股份有限公司。

（3）确定中信银行等 14 家金融机构为承销团成员，具体为：中信银行股份有限公司、中国光大银行股份有限公司、杭州银行股份有限公司、华夏银行股份有限公司、招商银行股份有限公司、广发银行股份有限公司、平安银行股份有限公司、中信建投证券股份有限公司、海通证券股份有限公司、中信证券股份有限公司、国泰君安证券股份有限公司、申万宏源证券有限公司、国信证券股份有限公司、兴业证券股份有限公司。

（四）政府债券发行类型分析

1. 一般债券和专项债券对比

从图 5-4 来看，2018 年安徽省专项债券无论是发行规模还是发行期数都远大于一般债券，发行的专项债券占所有类型债券将近一半，相比 2017 年发行的专项债券增长了 65.52%；从图 5-5 来看，定向置换专项债券加上发行的专项债券占发行债券总额的 58%，仍大于定向置换一般债券加上发行的一般债券。2018 年安徽省发行的全部专项债券占比大于 2017 年的 55.88%，体现出政府专项债券逐渐在政府债券中占据更大比例，并发挥政府服务经济及民生的作用。

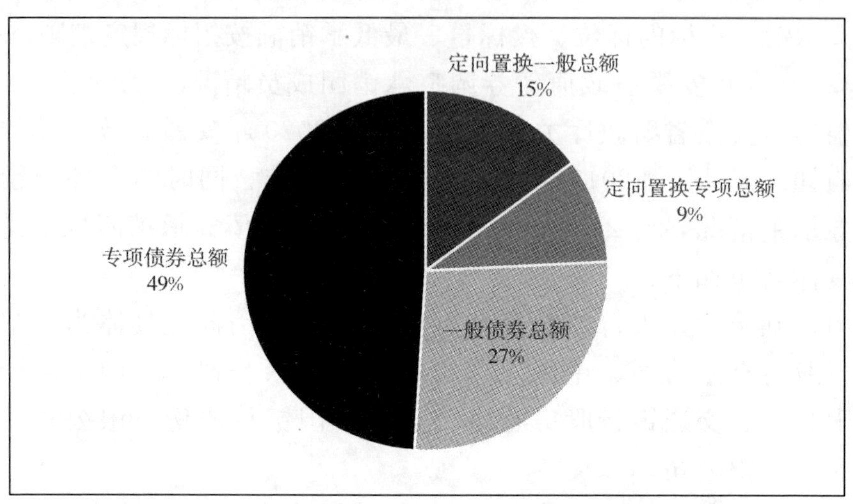

图 5-4 2018 年安徽省政府债券类型占比

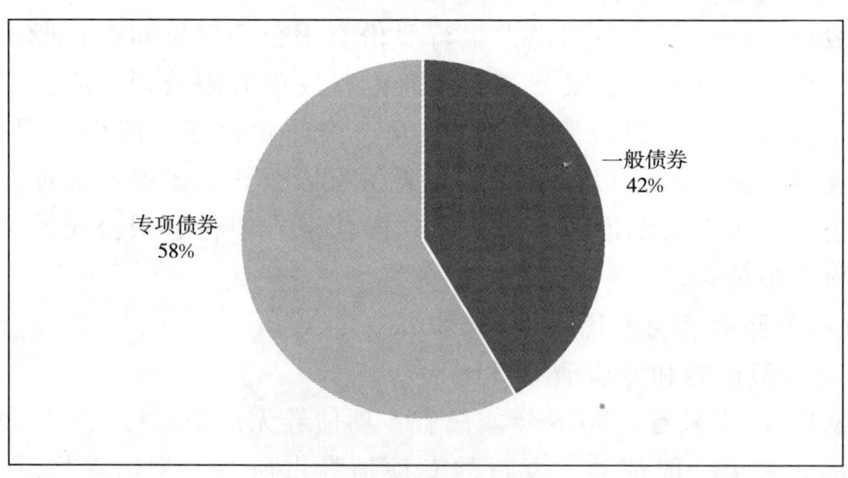

图 5-5 2018 年安徽省政府一般债券和专项债券占比[①]

① 一般债券=发行一般债券+定向置换一般债券；专项债券=发行专项债券+定向置换专项债券。

2. 政府债券发行期限分析

从2018年安徽省总体债券期限分布来看，安徽省政府债券发行期限种类仍然与2017年相同，分为3年期、5年期、7年期、10年期四种，见表5-4所列：

表5-4 2017—2018年安徽省政府债券发行期限分布

发行期限	2017年债券总额（亿元）	2018年债券总额（亿元）
3年期	210.1033	163.1984
5年期	651.9913	1426.1276
7年期	482	616.8249
10年期	118	35.7349

与2017年相比，2018年安徽省偏向于发布中长期政府债券，即5年期和7年期的债券，这两种债券的发行规模都远大于2017年的发行规模。在短期和长期方面，2018年所发行的3年期和10年期债券规模都小于2017年所发行的，如图5-6、图5-7所示。

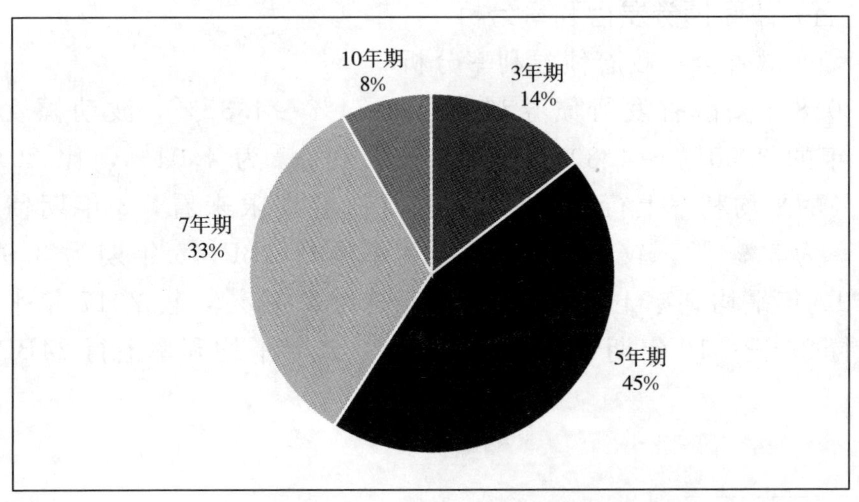

图5-6 2017年政府债券期限分布

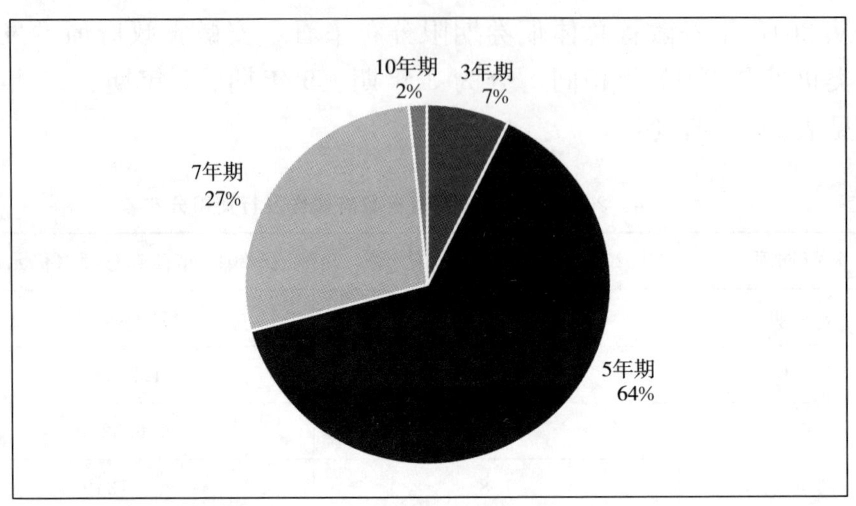

图 5 - 7 2018 年政府债券期限分布

2018 年安徽省政府债券 5 年期所占比重明显大于 2017 年，同时其他三种期限所占比重都低于 2017 年。2018 年全国已发行首只 20 年期政府债券，安徽应总结其他省发行债券的经验，增加期限分类，并根据政府债券认购情况调整各期限债券发行比重。

（五）政府债券发行利率分析

1. 安徽省全年政府债券利率分析

2018 年安徽省发行债券利率为 3.74%～4.35%，波动幅度小于 2017 年的 3.50%～4.39%，整体平均利率[①]为 4.04%，比 2017 年 3.95%的平均利率上行 9BP[②]。从主要债券期限来看，3 年期债券平均利率为 3.90%，较 2017 年平均利率上行 2BP；5 年期为 3.94%，较 2017 年平均利率下行 13BP；7 年期为 4.13%，较 2017 年平均利率上行 23BP；10 年期为 4.20%，较 2017 年平均利率上行 24BP（表 5 - 5）。

① 平均利率为算术平均值。

② BP 是 basic point 的缩写，中文通常叫作基点，是指一个百分点的百分之一，即万分之一，0.01%。

表 5-5　2017—2018 年安徽省政府债券平均利率和利差

	3 年期平均利率	5 年期平均利率	7 年期平均利率	10 年期平均利率	全年平均利率
2018 年	3.90%	3.94%	4.13%	4.20%	4.04%
2017 年	3.88%	4.07%	3.90%	3.96%	3.95%
平均利差	↑2BP	↓13BP	↑23BP	↑24BP	↑9BP

2. 安徽省政府一般债券和专项债券利率分析

分别从安徽省发行和置换的一般债券和专项债券的利率来看，相比 2017 年，2018 年一般债券的整体利率呈上行趋势，专项债券平均利差则涨跌互现，整体呈下行趋势。这可能与 2018 年下半年经济发展颓势及央行降准带来的宽松的货币环境有关。具体来看，2018 年一般债券 3 年期、5 年期、7 年期和 10 年期的平均利率较 2017 年分别上行 27BP、上行 17BP、上行 24BP 和上行 38BP，整体一般债券平均利率较 2017 年上行 26BP。专项债券 3 年期、5 年期、7 年期发行平均利率较 2017 年分别下行 47BP、下行 21BP 和上行 23BP，整体专项债券平均利率下行 15BP（表 5-6）。

表 5-6　2018 年安徽省一般债券和专项债券发行利率和利差

		3 年期	5 年期	7 年期	10 年期	全部期限
一般债券	平均发行利率	3.98%	3.95%	4.10%	4.34%	4.09%
	平均利差	↑27BP	↑17BP	↑24BP	↑38BP	↑26BP
专项债券	平均发行利率	3.74%	3.93%	4.15%	—	3.94%
	平均利差	↓47BP	↓21BP	↑23BP	—	↓15BP

二、安徽省各市新增债券分析

根据安徽省各市级政府官网公布的政府债券相关信息进行统计，2018 年安徽省各市新增债券规模如图 5-8 所示。新增债券规模最大的为阜阳市，达到 394.58 亿元，这与该市政府债务余额多且财政收入紧张有关；其次是合肥市，新增债券 267.04 亿元。新增债券最少的三个城市分别为宣城市、马鞍山市和黄山市。各市新增债务一般与该市经济实力相关，同时也受债务余额的影响。

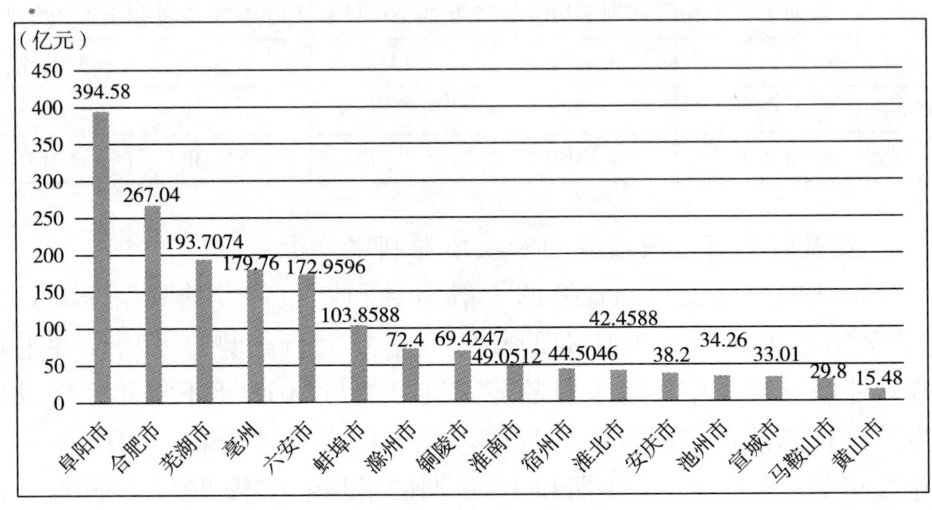

图 5-8 2018 年安徽省各市新增债券规模

三、安徽省城投债发行情况

安徽省内各地级市城投平台在债券发行领域较为活跃，以马鞍山、芜湖、滁州、合肥和亳州等地为代表。2017 年及 2018 年前三季度，全省城投债[①]发行额分别为 919.00 亿元和 636.27 亿元，全国规模排名分列第七和第十。包括债券在内，各地级市平台带息债务情况分化明显，其中亳州、淮北、马鞍山的平台债务负担相对较重。从 2018 年城投债发行情况来看，2018 年安徽省城投债发行数量为 100 只，居全国第 13 位；发行规模为 822.77 亿元，居全国第 13 位。从全国来看，发行城投债最多的为江苏省，2018 年江苏省发行城投债 763 只，共计 5069.51 亿元，安徽省城投债发行规模与江苏省相比相差较多，但城投债发行数量和规模仍在全国居于较前水平，应注意防范城投风险，避免引发隐性的债务风险。2018 年部分省份城投债发行规模见表 5-7 所列。

① 城投债为 Wind 数据库统计口径。

表 5－7　2018 年部分省份城投债发行规模

区域	数量（只）	规模（亿元）
江苏	763	5069.51
浙江	219	1999.60
北京	114	1733.90
天津	115	1413.70
广东	105	1247.20
四川	138	1176.70
山东	120	1084.10
湖北	120	1053.20
江西	102	1000.70
湖南	109	975.75
云南	80	899.10
安徽	100	822.77
陕西	74	809.88
福建	124	805.00

资料来源：Wind 数据库，中证鹏元。

四、2018 年安徽省政府债券信用资质分析

（一）政府债券信用评级情况

与 2017 年相比，2018 年安徽省公开的信用评级文件更详细，公开的信用评级文件主要针对具有大项目建设背景的专项债券，如土地储备、棚户区改造、收费公路等专项债券，也对发行的一般债券进行了评级。安徽省信用评级委托机构为东方金诚国际信用评估有限公司，东方金诚在综合考虑安徽省经济总量、产业结构、区位优势、财政状况及债务管理等对政府债券至关重要的因素后，对政府专项债券的评级结果均为最高的 AAA 级，显示出安徽省政府债券保持着良好的信用资质。

（二）政府债券信用评级依据

信用评级公司对安徽省政府债券做出 AAA 级的信用评价，主要考虑以下信用评级依据：

（1）安徽省经济总量处于全国中游水平，近年来传统工业经济平稳增长、高新技术产业发展较快、第三产业对地区经济增长的贡献率显著上升，综合经济实力较强（表 5－8）。

表 5－8　安徽省主要经济指标

年　份	2015	2016	2017	2018
地区生产总值（亿元）	22005.6	24117.9	27518.7	30006.82
经济增长率（％）	8.7	8.7	8.5	8.02
人均地区生产总值（元）	35997	39092	44206	47712
工业增加值占 GDP 比重（％）	43.9	41.1	41.8	38.9
固定资产投资（亿元）	23965.6	26758.1	29186	32629.9
社会消费品零售总额（亿元）	8908	10000.2	11192.6	12100.1
进出口总额（亿美元）	488.1	443.8	536.4	629.7
一般公共预算收入（亿元）	2454.3	2672.79	2812.45	3049

（2）得益于承东启西、连接南北的区位优势以及长江三角洲城市群、长江经济带、皖江城市带等发展战略的不断推进，安徽省经济发展前景良好；近年来，安徽省财政收入保持平稳增长，财政实力较强。

（3）安徽省政府信息公开规范，政府透明度较高，政府债务管理较为规范；安徽省政府债务水平较低，集中偿付压力较小，总体债务风险可控。

五、安徽省政府债券使用情况分析

截至 2017 年末，省本级政府债务余额为 362.9 亿元，16 个市本级政府债务余额为 2961.9 亿元，76 个县区政府债务余额为 2498.5 亿元。从债务资金投向来看，主要有保障性住房 1497 亿元，市政建设 1408 亿元，公路建设 506 亿元，土地储备 447 亿元，农田水利建设 311 亿元，生态建设和环境保护 239 亿元。

2018 年，安徽省在加大发行政府债券力度的同时，加强对政府债券使用的监管，严禁政府债券被用作规定以外的用途。2018 年发行的政府债券重点用于精准脱贫、基层公共服务建设、生态建设和环境保护、棚户区改造、农村公路、乡村振兴、农村人居环境整治等方面，优先支持在建项目平稳建设。政府专项债券主要用于农业基础设施建设、公路建设等公益性项目，在发行时披露了相关的信息文件，详细列出了专项债券的使用方向，项目具体方向包括公路建设、保障性住房、市政建设、农业基础设施、公路建设、环境治理、棚户区改造等，另有部分专项债券用来置换，偿还 2015 年以前清理甄别的存量债务本金。

限于政府债券使用数据的可得性，以下主要列出 2017 年安徽省政府本级债券和 2018 年部分地市政府债券的使用情况。

（1）2017 年安徽省本级新增债券资金支出明细，见表 5－9 所列。

表 5－9　2017 年安徽省本级新增债券资金支出明细

序号	资金使用情况（亿元）	主要用途
1	10	铁路建设等
2	20	引江济淮
3	5	支持公立医院事业发展
4	15	国省道建设
5	12.1	水利三年行动计划
合计	62.1	—

（2）2018 年蚌埠市本级新增债券使用情况。2018 年，省财政累计分配蚌埠市地方政府债券 1038588 万元（包括置换债券 819302 万元、新增债券 219286 万元）。其中，市本级 665568 万元。市本级债券主要用途为：置换债券 540535 万元，主要用于置换财政部确定的存量债务 2018 年到期债务本金，不增加政府债务余额；新增债券 125033 万元，其中：新增一般债券 1250 万元，新增专项债券 123783 万元（含土地储备专项债券 60217 万元、棚改专项债券 50424 万元），见表 5－10 所列。

表 5-10 2018 年蚌埠市本级新增债券使用明细

序号	资金使用情况（万元）	主要用途
1	1250	公立医院债务化解
2	45000	水蚌线蚌埠段迁址项目
3	15217	市委党校原址项目
4	30000	高新区棚户区改造项目
5	20424	经开区棚户区、城中村改造项目
6	8060	二级公路改造工程
7	105	农村公路建设
8	1200	“白改黑”项目
9	3777	“断头路”项目
合计	125033	—

（3）2018 年宿州市新增债券使用明细。2018 年省财政厅下达宿州市政府债务限额 4344811 万元，其中：一般债务限额 2081055 万元，专项债务限额 2263756 万元。截至 2018 年末，宿州市政府债务余额 3814714.69 万元，其中：一般债务余额 1934163.72 万元，专项债务余额 1880550.97 万元。2018 年宿州市新增政府债券 445046 万元，其中：新增一般债券 39425 万元，新增专项债券 405621 万元；偿还到期政府债务 89352.24 万元。具体使用明细见表 5-11、表 5-12 所列。

表 5-11 2018 年宿州市本级新增一般债券使用明细

序号	资金使用情况（万元）	主要用途
1	10789	一般公共服务支出
2	3972	综合医院
3	866	其他公立医院支出
4	4959	城乡社区支出
5	12407	农林水支出
6	6432	其他支出
合计	39425	—

表 5－12 2018 年宿州市本级新增专项债券使用明细

序号	资金使用情况（万元）	主要用途
1	548	文化旅游体育与传媒支出
2	100	污染防治
3	433	自然生态保护
4	5041	小镇基础设施建设
5	1086	其他城乡社区公共设施支出
6	8428	农业
7	9347	水利
8	34950	公路水路运输
9	100000	土地资源储备支出
10	245236	棚户区改造
11	452	粮油物资储备支出
合计	405621	—

根据以上统计，可见安徽省政府债务主要用于基础设施建设和公益性项目，不但较好地保障了省内经济社会发展的资金需要，推动了民生改善和社会事业发展，提升了综合承载能力，而且形成了大量的优质资产，大多有相应的资产和收入作为偿债保障。

六、安徽省政府债券还本付息情况分析

（一）省级政府债券还本付息情况

2018 年，安徽省分别在 8 月、9 月、10 月公布了三次政府债券还本和付息公告，详细公开了需要偿还及付息的各项债券及数额，相比以往还本付息信息公开取得了极大进步。2018 年政府付息和偿还的主要是 2015 年发行的各期一般债券、专项债券及置换债券，付息和偿还的具体情况见表5－13、表 5－14 所列。

表 5-13 2018 年安徽省公开的政府债券还本付息数额 (单位：万元)

	8月	9月	10月	合计
还本	478725	69081	954000	15018.06
付息	110032.38	102411.43	325127.52	537571.33

表 5-14 2016—2018 年安徽省政府一般债券还本支出 (单位：亿元)

2016年		2017年		2018年	
省本级	全省	省本级	全省	省本级	全省
84.22	132.22	59.95	124	11.99	220.99

安徽省政府还本付息支出在不断上涨，且随着发行的政府一般债券和专项债券不断到期，每年需要偿还的政府债券将对政府施加新的财政压力，政府应做好债务还本付息的偿还基金准备及风险防范工作。

（二）安徽省各市政府债券还本付息情况

根据各市政府还本付息的公开情况，以淮北市和六安市为例，分析安徽省地市政府还本付息情况。

1. 淮北市地方政府债券发行及还本付息情况

2018 年淮北市发行政府债券 42.46 亿元，还本付息 12.93 亿元，还本付息支出规模占发行规模的 30.46%，且政府债券中的市本级占较大比例，借新还旧规模较大，有一定的政府债券还本付息压力。

表 5-15 2018 年淮北市地方政府债券发行及还本付息情况

(单位：万元)

项　目	全市	市本级
一、2018 年发行预计执行数	424588	251900
（一）一般债券	310581	195999
其中：再融资债券	70530	47216
（二）专项债券	114007	55901
其中：再融资债券	1750	1750
二、2018 年还本预计执行数	92280	68966

（续表）

项　目	全市	市本级
（一）一般债券	90530	67216
（二）专项债券	1750	1750
三、2018 年付息预计执行数	37047	24296
（一）一般债券	23898	12539
（二）专项债券	13149	11757

2. 六安市地方政府债券发行及还本付息情况

2018 年六安市新增政府债券 172.96 亿元，新增债券规模在安徽省内属于较高水平，还本付息 25.34 亿元，还本付息支出规模占新增债券的 14.65％。67.84％的新增债券集中在县区，还本付息支出规模县区和市级相差不远，存在一定的政府债务层级下移压力。由于新增政府债券过多，虽然近年还本付息的压力不大，但以后会有较大的偿还债券本金的压力。

表 5－16　六安市地方政府债券发行及还本付息情况

（单位：万元）

项　目	全市	市本级	县区
一、2018 年发行预计执行数	1729596	562373	1167223
（一）一般债券	677421	242923	434498
其中：再融资债券	159251	78244	81007
（二）专项债券	1052175	319450	732725
其中：再融资债券	1220	800	420
二、2018 年还本预计执行数	160471	79044	81427
（一）一般债券	159251	78244	81007
（二）专项债券	1220	800	420
三、2018 年付息预计执行数	92961	31432	61529
（一）一般债券	50228	13576	36652
（二）专项债券	42733	17856	24877

第二节　安徽省政府债券发展前景展望

一、地方政府债券规模扩容，专项债大幅增加

从 2018 年的经济形势来看，经济下行压力较大，为实现经济平稳增长，防范通货紧缩风险，积极的财政政策会发挥重要作用。减税降费加上政府投资，将对政府财政造成较大压力，地方政府债券规模必须扩容，以缓解财政压力。2019 年《政府工作报告》提出，拟安排地方政府专项债券 2.15 万亿元，比上年增加 8000 亿元，并明确将合理扩大专项债券的使用范围，继续发行一定数量的地方政府置换债券。安徽省政府应积极适应经济形势，并响应政府工作报告要求，加大政府专项债券的发行力度，以便为重大项目建设提供资金支持。

二、推进地方政府债券投资主体多元化

安徽省政府债券发行和承销主要通过证券交易所及指定的承销商，政府债券主要从金融机构进行融资，《财政部关于做好 2018 年地方政府债券发行工作的意见》已经提出了促进地方政府债券投资主体多元化的要求。安徽省政府应根据省内各投资者的实力，鼓励商业银行、证券公司、保险公司等各类机构和个人，全面参与地方政府债券投资。此外，2019 年浙江、四川、陕西等地作为首批试点，在柜台市场发行地方债，主要面向个人投资者和中小投资者。安徽省可以吸取这些试点的经验，合理配给面向个人和中小投资者的政府债券配额，制定合理的利率，尽量发行专项债券以保证有还本付息收入，最重要的是提高政府信用和财政实力，以便获得良好的债券评级，并降低政府债券投资主体多元化的风险。

三、地方政府债券市场管理更为规范

合理设置地方政府债券期限结构。安徽省政府债券期限结构多以

3年期和5年期为主，短期和长期债券占比过少，并且期限种类过少，2018年全国已发行第一只20年政府债券。安徽省应根据项目资金状况、市场需求等因素，增加2年、15年、20年期政府债券，并根据偿债年限合理规避偿债高峰期。

平衡地方政府债券发行节奏。安徽省政府债券发行多在5—9月，由于政府预算调整多在5月左右进行，导致地方政府债券上半年发行使用进度缓慢，下半年集中发债，出现季度间发行不平衡的问题。安徽省政府应在各季度合理发行政府债券，平衡发行节奏。

总体来说，安徽省政府应加强募投项目管理、强化债务资金集约管理、提高债务资金使用效益、积极做好偿还债务基金的准备工作。

第六章 安徽省税收收入质量报告

国家税务总局下发《关于进一步规范税收征管秩序提高税收收入质量的通知》，要求各级税务部门坚持依法征税，规范税收征管行为，认真落实各项税收优惠政策，并且通知进一步强调了提高收入质量的重要性，要求将收入质量管理作为重点工作常抓不懈，建立并完善税收收入质量评价体系，加强对风险管理、税收入库、税收与经济匹配性等方面的考核，加强对税收收入质量的监督管理。强化税收会计监督，及时发现税收执法风险，规范税收征管秩序。

第一节 税收收入质量概述及指标分析

一、税收收入质量的含义

税收收入质量，是指税收收入的属性、质态，是各级税务机关按照国家法律法规组织税收收入的合法性、真实性和可靠性的客观反映。税收质量涉及税收收入的起点、过程和结果，与经济发展、税源监管、征收管理、税款入库等因素与环节密切相关，不仅涉及税款征取的准确性，也涉及征税过程的努力程度，还涉及最终结果的绩效，是取得税收收入全过程的质量。本书鉴于数据的可得性，主要从税收收入具体情况、理论税收收入实现程度、税收可持续增长能力三方面设计具体指标，运用 2011—2017 年的数据对安徽省及其各市进行测算，分析税收收入质量。

二、指标分析

(一) 税收收入具体情况分析

1. 总体税收收入情况分析

通过分析安徽省以及安徽省各市的税收收入情况，直观判断出各市的税收能力，计算得出税收增长率，反应税收增长能力。

计算公式：

地区税收收入增长率＝(报告期税收收入－基期税收收入)／基期税收收入×100%　　(6－1)

2. 主要税种税收收入情况

通过比较分析，挑选了与经济发展关系密切、对税收收入和税收质量影响较大的税种作为分析对象，分别为：增值税、直接税[①]、与土地、房产相关税种[②]。

计算公式：

地区主要税种税收收入增长率＝(报告期主要税种税收收入－基期主要税种税收收入)／基期主要税种税收收入×100%　　(6－2)

3. 非税收入占收入比重

非税收入的比重与地区税收能力和税收质量关系密切，非税收入比重低，表明该地区的税收能力良好，税收收入对财政收入的贡献率高；反之，非税收入比重高表明该地区税收能力和税收收入有待提升。

计算公式：

非税收入占收入比重＝(报告期收入－报告期税收收入)／报告期税收入×100%　　(6－3)

---

① 本书做计算的直接税为企业所得税和个人所得税之和。

② 本书中与土地、房产相关税种包括城镇土地使用税、土地增值税、房产税、契税、耕地占用税。

（二）理论税收收入实现程度

1. 税收宏观税负变动率

宏观税负反映一定时期某地区经济总量所承担的税收负担。由于各地经济结构不同，宏观税负也存在较大差异。从目前我国经济发展和税收征收的现状来看，如果该指标上升，说明经济和税收结构优化以及税收管理质量和效率提高，对税制的遵从度提高，综合反映税收质量提高。

计算公式：

地区税收宏观税负＝地区税收收入/地区生产总值×100％ （6－4）

地区宏观税负变动率＝（报告期宏观税负－基期宏观税负）/基期宏观税负×100％ （6－5）

2. 税收弹性系数

税收弹性是一定时期税收增长率与现价经济增长率的比值，反映了经济变化对税收变化的影响以及税收与经济运行的协调性。经济学界一般认为弹性系数在 0.8～1.2 之间为合理区间。如果弹性系数在合理范围内，表明税收与经济增长相协调，税收质量较高；如果该指标的波动超出合理范围，则表明税收与经济的适应性较差，即税收质量较低。

计算公式：

税收弹性系数＝税收收入增长率/地区现价生产总值增长率 （6－6）

（三）税收可持续增长能力的指标

税制改革的方向是不断提高直接税占总体税收的比重，通过设置该指标，反映直接税收入占全部税收收入比重的增减情况，直接税收入比重增加，说明税种结构不断优化，税源增长潜力提高，税收收入质量提高，反之则说明税收收入质量下降。本书鉴于数据的可得性，用所得税来代表直接税。

计算公式：

所得税占全部税收收入比重＝（企业所得税收入＋个人所得税收入）/全部税收收入×100%　　(6-7)

直接税收入占比系数变动率＝（报告期所得税占全部税收收入比重－基期所得税占全部税收收入比重）/基期所得税占全部税收收入比重×100%　　(6-8)

第二节　安徽省税收收入质量评估

一、安徽省税收收入具体情况分析

（一）安徽省总体税收收入情况

2011—2017年安徽省税收收入总体呈现上升趋势，从历年的税收收入情况可以看出，税收收入总额呈现增长趋势，但税收收入的增长

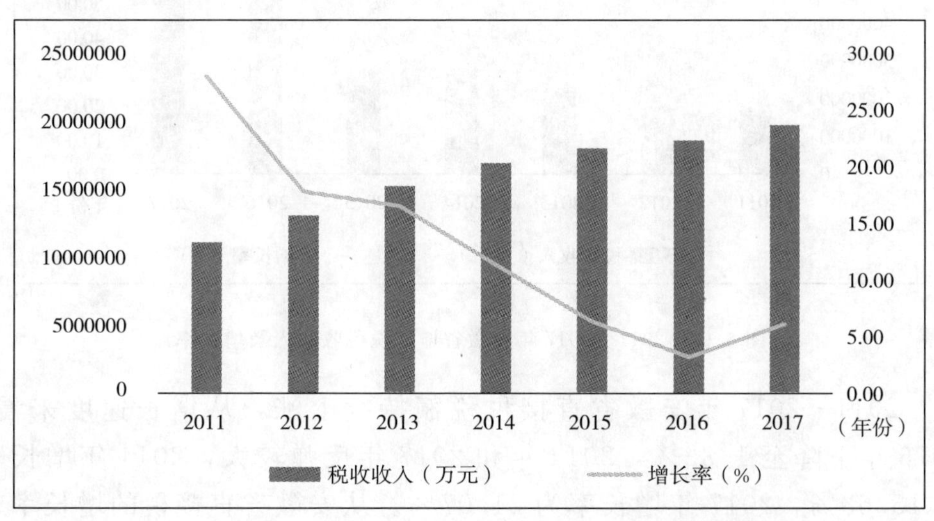

图6-1　2011—2017年安徽省税收收入及增长率

率总体呈下降趋势，截至2017年，税收收入的增长率下降至6.09%。2017年安徽省共计完成地方税收收入197.07亿元，与上年相比增收11.32亿元，增长率6.09%，增幅比2016年高出2.89%，但是整体来看还是较低。从结构性减税到全面减税降费，减税的基调一直未变，安徽省切实落实国家政策，给企业和人民释放减税红利，用实际行动促进安徽省经济发展。

（二）安徽省主要税种税收收入情况

2011—2017年安徽省增值税绝对税额持续上涨，2016年和2017年的上涨幅度创新高，增值税作为税收收入的主要税种，其高增长趋势主要是由于"营改增"新政引起的，但是同时也与税收收入增长趋势以及全省经济的发展有很大关系。2017年安徽省增值税累计完成80.34亿元，同比增收27.30亿元，增长率为51.48%，虽然比"营改增"政策实施的当年低，但相比之前的五年要增高许多。

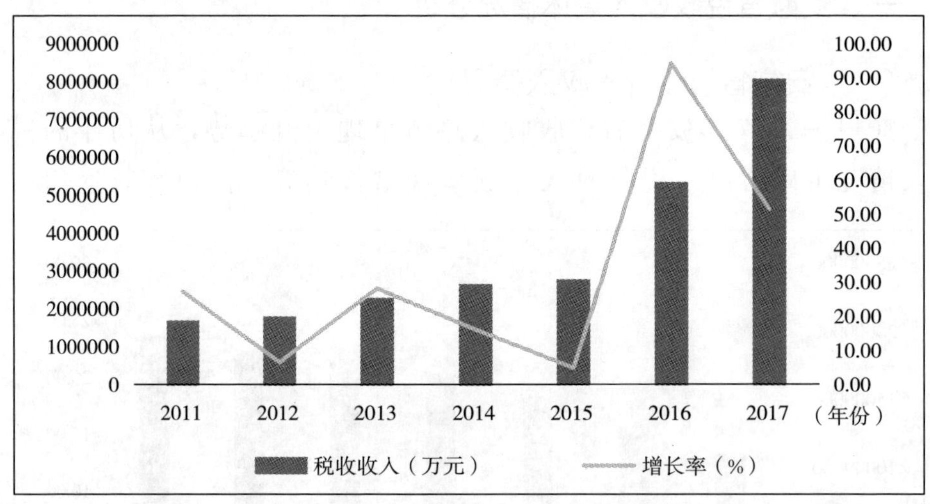

图6-2　2011—2017年安徽省增值税税收收入及增长率

2011—2017年安徽省直接税税额持续上涨，从增长速度来看，2016年下降至1.32%，2014年和2017年反弹较大，2014年增长率为15.63%，2017年增长率为21.07%。从安徽省直接税的增长率来看，安徽省直接税增长率波动较大，整体趋势不明显。2017年安徽省直接税累计完成 35.41 亿元，同比增收 6.16 亿元，绝对数额远低于同年增值税，说明安徽省地方税收收入仍然是以增值税为主体的税制结构。

（三）非税收入占收入比重波动上升

从统计数据来看，2011—2017 年安徽省非税收入占收入比重均超过 20%，从 2014 年开始，非税收入整体呈上升趋势。2016 年安徽省的非税收入比 2015 年提高 16.09 亿元，非税收入占收入比重提高 30.50%，为统计年份中增长率最高的年份。2017 年的非税收入为 84.18 亿元，非税收入占比为 29.90%，虽然较 2016 年有所降低，但是比重依然较大（图 6 - 3）。

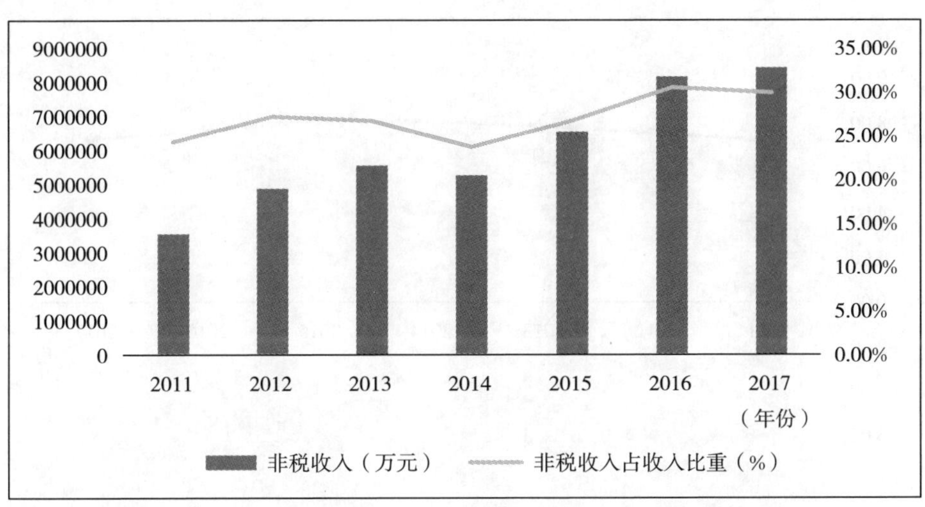

图 6 - 3 2011—2017 年安徽省非税收入占收入比重

二、理论税收收入实现程度

（一）税收宏观税负变动率

笔者根据 2011—2017 年安徽省地区税收收入和地区生产总值，计算得出地区宏观税负及其变动率，如图 6 - 4 所示。从图中可以看出，2011—2015 年安徽省的宏观税负水平呈现逐年上升的趋势，从 2011 年的 7.34% 到 2015 年的 8.18%，但 2016—2017 年呈现逐步下滑的趋势，2017 年降到了 7.29%。从地区宏观税负变动率来看，2012 年的变动速度大于 2011 年，之后 3 年的变动速度都小于前一年。主要原因是随着“营改增”的持续推进，“营改增”减税效应凸显，从而使地方总体的税收负担水平降低。2016—2017 年由于全球经济下行，我国加大力度实施减税降费政策，导致其税收负担呈现负增长。从七年的总体变化来看，前五年，宏观税负变动率大于 0，表明安徽省经济和税收结构优化以及税收管理的质量和效率提高，对税制的遵从度提高；后两年，宏观税负变动率小于 0，表明安徽省“减税降费”政策实施效果初显，降低地方企业的税收负担，促进地方经济的进一步发展。

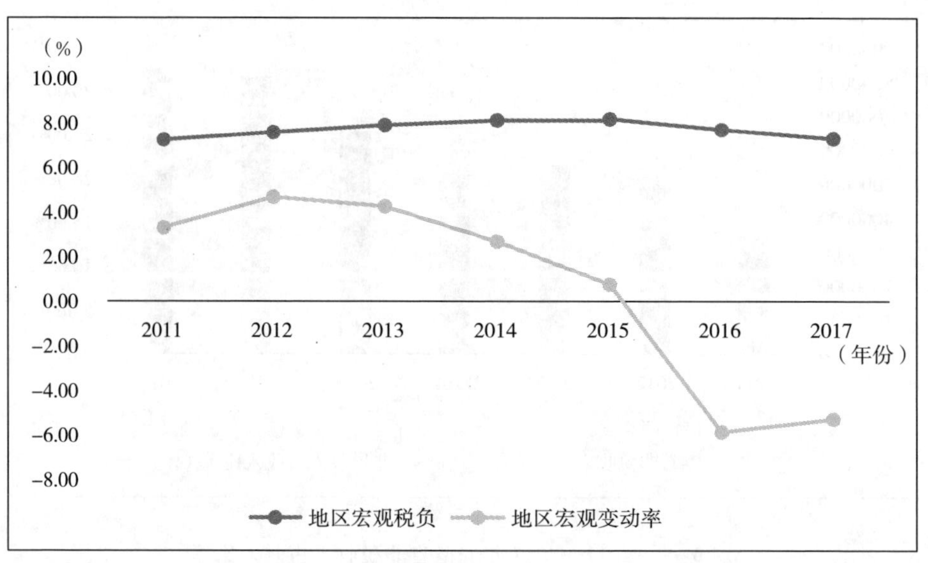

图 6-4 2011—2017 年安徽省税收宏观税负及其变动率

(二) 税收弹性系数

根据 2011—2017 年安徽省地区税收收入和地区生产总值，计算得出税收弹性系数，如图 6-5 所示。2011—2015 年的地方税收收入快速增长，但税收弹性系数整体上呈现下降的趋势。2016 年，全省地方税收收入增速骤降，经分析可知，这与 2016 年“营改增”的全面实施有关，而反观经济增速，呈现上升趋势，可见“营改增”对经济发展起到了促进效果。2017 年尽管税收弹性系数不在合理区间内，但税收收入增长速度有所回升，弹性系数正在逼近合理区间的下限值。

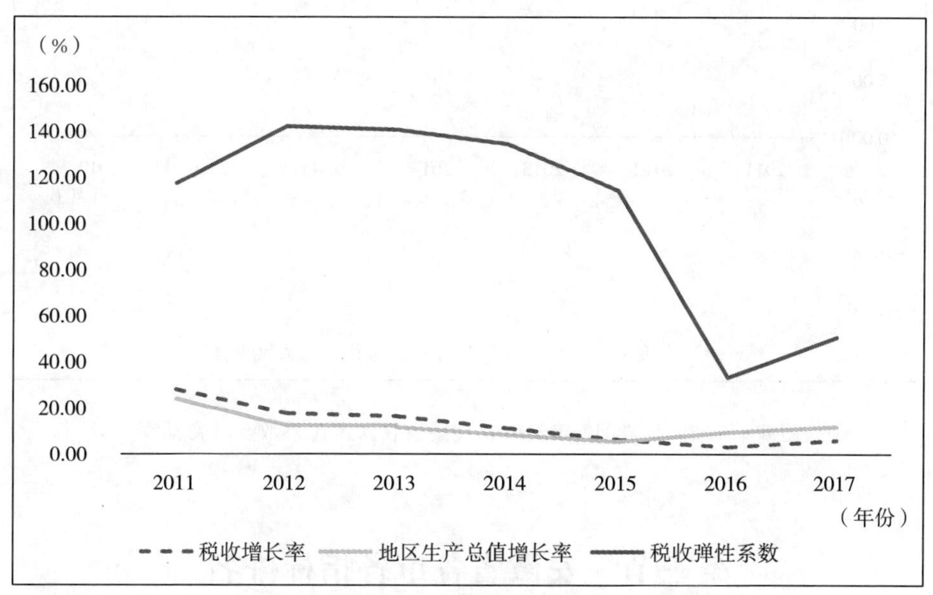

图 6-5　2011—2017 年安徽省税收弹性系数

三、税收可持续增长能力的指标

根据 2011—2017 年安徽省企业所得税、个人所得税和地区税收收入计算得出直接税收入占比及其变动率，如图 6-6 所示，2012 年与 2013 年，直接税占比系数变动率呈负方向变化，直接税占比从 17.44%下降到 15.39%，说明安徽省在这两年间税制结构优化工作出现倒退，税收质量欠佳。2014 年和 2015 年，直接税占比系数的变动率为正数，直接税收入占比处于不断提升的状态，共计提高 0.65 个百分点，这和我国税制改革提出的不断提高直接税收入占税收的比重要求是相符合的。2016 年，直接税收入比重降至 15.75%，而 2017 年直接税占比系数变动率突增至 14.11%，这说明安徽省税制结构处于不断优化的过程，税源增长潜力提高。

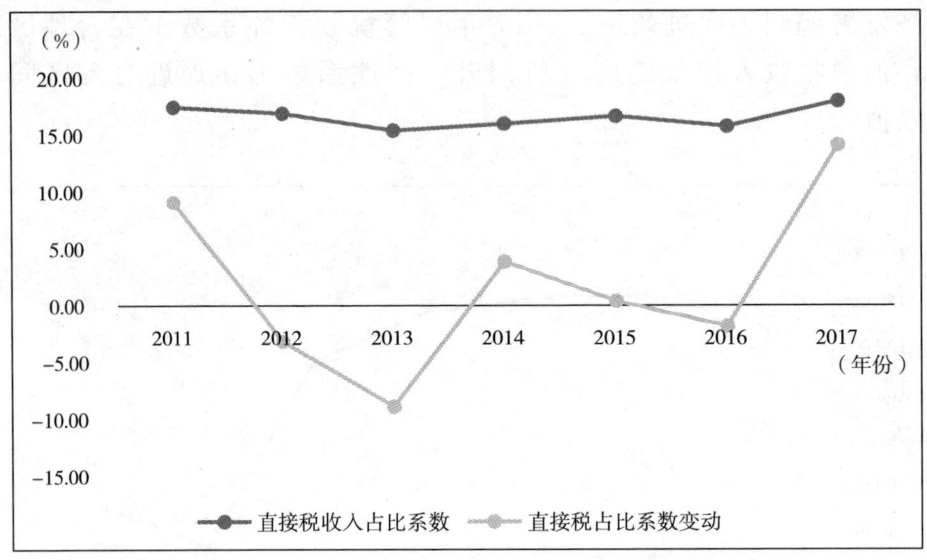

图 6-6 2011—2017 年安徽省直接税收入占比系数及其变动率

第三节 安徽省各市各指标排名

一、税收收入情况具体分析

(一) 税收收入总体情况

2017 年各市税收收入除蚌埠市、池州市、黄山市呈下降趋势之外，其余地市的税收收入水平均有所提高，涨幅维持在 0.09%～23.81%之间，在上涨的城市中，涨幅最高的为淮北市，最低的为铜陵市。

合肥市在税收收入规模和增长率上与其他市相比有较大的优势，2011—2017 年合肥税收收入排名第一，增长率排名第十一。2011—2017 年，合肥市税收收入总体绝对数值为上升趋势，从历年的税收收入情况可以看出，税收收入一直有所增长，2011 年和 2014 年的涨幅较大，均超过 18%。2017 年共计完成税收收入 5185120 万元，与上年同比增收 165900 万元，增长 3.31%，增幅相对较低。合肥市税收收入呈现一家独大之局面，这与合肥作为安徽省省会城市、长三角经济圈副中心城市有关，大量的企业、资源流入合肥市，导致合肥市相较于其他城市有着充足的税源。

淮南市税收收入比较特别，仅2011年和2012年有所上升，其增长率分别为27.96%和18.46%，从2013年开始便持续下滑，其中2014年税收收入下降幅度最大，相比2013年下降99314万元，税收收入增长率在2013年、2014年和2015年都为负数，分别为－1.26%、－14.47%和－4.36%，但2016年和2017年又呈现了一定的上升趋势，税收收入增长率分别为13.10%和10.87%。淮南市税收收入变化趋势受全市生产总值变化的影响，全球经济下滑导致淮南市煤炭、电力发展面临严峻考验，所以2012年之后出现下降趋势。2016年，国家大力推行产业转型，服务业税收增长较快，第三产业中，受“营改增”等因素推动，现代服务业税收增长突出反映经济结构进一步优化，居民消费不断升级，促进税收收入的增长（表6－1）。

表6－1 2011—2017年安徽省各市税收收入及其增长率

地区	指标	2011年	2012年	2013年	2014年	2015年	2016年	2017年	平均值	排名
合肥市	总收入	2745361	3114332	3564974	4257817	4609552	5019220	5185120	4070911	1
	增长率	23.98%	13.44%	14.47%	19.43%	8.26%	8.89%	3.31%	13.11%	11
淮北市	总收入	358206	426393	431232	450545	422503	396866	491344	425298	14
	增长率	30.36%	19.04%	1.13%	4.48%	－6.22%	－6.07%	23.81%	9.50%	14
亳州市	总收入	263009	354059	499730	558268	622501	674573	732474	529231	11
	增长率	49.42%	34.62%	41.14%	11.71%	11.51%	8.36%	8.58%	23.62%	1
宿州市	总收入	291817	373827	466244	543338	602408	593842	643453	502133	12
	增长率	53.48%	28.10%	24.72%	16.54%	10.87%	－1.42%	8.35%	20.09%	3
蚌埠市	总收入	455778	568093	679687	792710	897413	939649	884727	745437	7
	增长率	33.72%	24.64%	19.64%	16.63%	13.21%	4.71%	－5.84%	15.24%	6
阜阳市	总收入	451089	520016	653559	804039	871381	979027	1211208	784331	6
	增长率	36.64%	15.28%	25.68%	23.02%	8.38%	12.35%	23.72%	20.72%	2
淮南市	总收入	586640	694952	686227	586913	561333	634846	703884	636399	10
	增长率	27.96%	18.46%	－1.26%	－14.47%	－4.36%	13.10%	10.87%	7.19%	16

（续表）

地区	指标	2011 年	2012 年	2013 年	2014 年	2015 年	2016 年	2017 年	平均值	排名
滁州市	总收入	541584	705493	817341	888830	981798	1107165	1169862	887439	4
	增长率	37.64%	30.26%	15.85%	8.75%	10.46%	12.77%	5.66%	17.34%	4
六安市	总收入	426996	503093	594311	710966	746139	708368	832161	646005	9
	增长率	40.38%	17.82%	18.13%	19.63%	4.95%	−5.06%	17.48%	16.19%	5
马鞍山市	总收入	687091	732590	950434	931618	974395	941159	1039846	893876	3
	增长率	45.91%	6.62%	29.74%	−1.98%	4.59%	−3.41%	10.49%	13.14%	10
芜湖市	总收入	1184167	1443375	1700457	1845641	2039027	2037303	2139811	1769969	2
	增长率	42.64%	21.89%	17.81%	8.54%	10.48%	−0.08%	5.03%	15.19%	7
宣城市	总收入	536103	660604	784277	870423	908301	873385	933438	795219	5
	增长率	32.24%	23.22%	18.72%	10.98%	4.35%	−3.84%	6.88%	13.22%	9
铜陵市	总收入	331884	401816	430000	483098	483470	473886	474289	439778	13
	增长率	28.34%	21.07%	7.01%	12.35%	0.08%	−1.98%	0.09%	9.56%	13
池州市	总收入	263229	369246	463237	471182	460913	390586	348835	395318	15
	增长率	34.20%	40.28%	25.45%	1.72%	−2.18%	−15.26%	−10.69%	10.50%	12
安庆市	总收入	458280	574326	696311	799885	782571	812723	842035	709447	8
	增长率	30.19%	25.32%	21.24%	14.87%	−2.16%	3.85%	3.61%	13.85%	8
黄山市	总收入	328383	361068	416277	429817	436067	399588	371221	391774	16
	增长率	44.89%	9.95%	15.29%	3.25%	1.45%	−8.37%	−7.10%	8.48%	17

注：税收收入单位为万元，排名为平均值排名。

（二）主要税种税收收入情况

增值税作为税收收入的主要税种，其增长趋势与税收收入增长趋势的吻合度较高。表 6－2 反映的是 2011—2017 年安徽省各市增值税税收收入及其增长率。具体分析有以下几点：

表 6－2　2011—2017 年安徽省各市增值税税收收入及其增长率

地区	指标	2011 年	2012 年	2013 年	2014 年	2015 年	2016 年	2017 年	平均值	排名
合肥市	增值税	344133	392768	523980	591345	622534	1429495	2068751	853287	1
	增长率	34.65%	14.13%	33.41%	12.86%	5.27%	130%	45%	39.24%	5
淮北市	增值税	105788	84636	79975	95165	92659	140613	258521	122480	11
	增长率	19.23%	−19.99%	−5.51%	18.99%	−2.63%	51.75%	83.85%	20.81%	15

（续表）

地区	指标	2011 年	2012 年	2013 年	2014 年	2015 年	2016 年	2017 年	平均值	排名
亳州市	增值税	45294	61423	89603	117482	133892	229374	344068	145877	10
	增长率	49.51%	35.61%	45.88%	31.11%	13.97%	71.31%	50.00%	42.49%	2
宿州市	增值税	50660	60210	63823	67153	76012	151564	283276	107528	13
	增长率	46.26%	18.85%	6.00%	5.22%	13.19%	99.39%	86.90%	39.40%	3
蚌埠市	增值税	75255	94663	124366	167350	195310	311085	404572	196086	6
	增长率	40.51%	25.79%	31.38%	34.56%	16.71%	59.28%	30.05%	34.04%	11
阜阳市	增值税	90256	101974	116158	135829	134311	317150	520249	202275	4
	增长率	23.52%	12.98%	13.91%	16.93%	−1.12%	136.13%	64.04%	38.06%	7
淮南市	增值税	154050	150844	133585	122993	127202	239448	385094	187602	7
	增长率	14.20%	−2.08%	−11.44%	−7.93%	3.42%	88.24%	60.83%	20.75%	16
滁州市	增值税	78210	82354	104422	122149	139539	287000	452928	180943	8
	增长率	26.90%	5.30%	26.80%	16.98%	14.24%	105.68%	57.81%	36.24%	10
六安市	增值税	51264	60785	75002	77602	73784	176899	336172	121644	12
	增长率	28.65%	18.57%	23.39%	3.47%	−4.92%	139.75%	90.04%	42.71%	1
马鞍山市	增值税	163473	132835	162508	175868	162993	314919	504044	230949	3
	增长率	22.49%	−18.74%	22.34%	8.22%	−7.32%	93.21%	60.06%	25.75%	13
芜湖市	增值税	181434	221916	360711	413747	455827	740338	1034654	486947	2
	增长率	63.21%	22.31%	62.54%	14.70%	10.17%	62.42%	39.75%	39.30%	4
宣城市	增值税	110662	111240	125047	155298	149348	306928	437412	199419	5
	增长率	40.66%	0.52%	12.41%	24.19%	−3.83%	105.51%	42.51%	31.71%	12
铜陵市	增值税	66917	66463	75698	82803	86006	150427	207842	105165	14
	增长率	30.98%	−0.68%	13.89%	9.39%	3.87%	74.90%	38.17%	24.36%	14
池州市	增值税	23625	30889	61583	74615	66203	95901	142534	70764	15
	增长率	23.93%	30.75%	99.37%	21.16%	−11.27%	44.86%	48.63%	36.78%	9
安庆市	增值税	77539	67415	91851	106760	122515	277641	437858	168797	9
	增长率	30.84%	−13.06%	36.25%	16.23%	14.76%	126.62%	57.71%	38.48%	6
黄山市	增值税	28217	32623	54777	57721	47908	89833	147741	65546	16
	增长率	37.01%	15.61%	67.91%	5.37%	−17.00%	87.51%	64.46%	37.27%	8

注：税收收入单位为万元，排名为平均值排名。

其一，2017 年各市增值税税收收入均为正增长，增长幅度均超过

20%，最高是六安市，为42.71%；最低是淮南市，为20.75%。

其二，合肥市在增值税税收收入绝对规模上仍有较大优势，2011—2017年合肥市平均增值税税收收入排名第一，增长率排名第五，与总税收收入增长率排名第十一相比，增值税税收收入对总体税收收入有正向的拉动作用。2011—2017年，合肥市增值税税收收入绝对数额持续增长，特别是2016年全面实施“营改增”之后，增值税征收范围扩大，合肥市增值税增长幅度达到130%。

其三，2011—2017年六安市增值税税收收入平均增长率排名第一，增值税税收收入排名第十二，增值税税收收入增长显著。另外，亳州市增值税的排名情况与总体税收收入的排名情况相同，验证了亳州市总体税收收入以增值税为主的现状。

房产税是以房产为征税对象，按房产价值或房租收入计征的一种税。城镇土地使用税代表城镇土地使用税，是国家在城市、县城、建制镇和工矿区范围内，对拥有土地使用权的单位和个人，以其实际占用的土地面积为计税依据，按照税法规定的税额计算征收的一种税，该税种属于地方税种。土地增值税是指转让国有土地使用权、地上的建筑物及其附着物并取得收入的单位和个人，以转让所取得的收入减除法定扣除项目金额后的增值额为计税依据向国家缴纳的一种税赋。契税是指不动产产权发生转移变动时，就当事人所订契约按产价的一定比例向新业主征收的一次性税收。耕地占用税是对占用耕地建房或从事其他非农业建设的单位和个人征收的税。表6-3中与土地、房产相关的税种包括城镇土地使用税、土地增值税、房产税、契税、耕地占用税。房产税、城镇土地使用税和契税与房地产市场的变化有很大的相关性。表6-3反映的是2011—2017年安徽省各市与土地房产相关的税收收入及其增长率。具体分析有以下几点：

表6-3 2011—2017年安徽省各市与土地房产相关的税收收入及其增长率

地区	指标	2011年	2012年	2013年	2014年	2015年	2016年	2017年	平均值	排名
合肥市	相关税收收入	603153	683684	852740	1014721	1198687	1412538	1798256	1080540	1
	增长率	−0.49%	13.35%	24.73%	19.00%	18.13%	17.84%	27.31%	17.12%	10

（续表）

地区	指标	2011 年	2012 年	2013 年	2014 年	2015 年	2016 年	2017 年	平均值	排名
淮北市	相关税收收入	49635	107070	138230	134397	91222	103374	120872	106400	16
	增长率	32.00%	115.71%	29.10%	−2.77%	−32.12%	13.32%	16.93%	24.59%	5
亳州市	相关税收收入	65664	83425	163735	155599	179809	219155	236963	157764	13
	增长率	58.82%	27.05%	96.27%	−4.97%	15.56%	21.88%	8.13%	31.82%	2
宿州市	相关税收收入	68249	104554	154894	177760	199524	207212	236171	164052	10
	增长率	53.66%	53.19%	48.15%	14.76%	12.24%	3.85%	13.98%	28.55%	3
蚌埠市	相关税收收入	121311	168892	168961	209437	217427	245146	288104	202754	8
	增长率	30.44%	39.22%	0.04%	23.96%	3.81%	12.75%	17.52%	18.25%	8
阜阳市	相关税收收入	108759	114610	202410	267317	277087	311775	447242	247029	6
	增长率	63.17%	5.38%	76.61%	32.07%	3.65%	12.52%	43.45%	33.84%	1
淮南市	相关税收收入	125271	196137	204342	170682	122284	161131	163427	163325	11
	增长率	50.28%	56.57%	4.18%	−16.47%	−28.36%	31.77%	1.42%	14.20%	14
滁州市	相关税收收入	149956	211354	257676	260145	312087	480051	502507	310539	3
	增长率	25.29%	40.94%	21.92%	0.96%	19.97%	53.82%	4.68%	23.94%	6
六安市	相关税收收入	115068	127201	167624	230716	220953	250821	335632	206859	7
	增长率	52.79%	10.54%	31.78%	37.64%	−4.23%	13.52%	33.81%	25.12%	4
马鞍山市	相关税收收入	173684	203166	333361	303816	278156	312513	331588	276612	4
	增长率	75.09%	16.97%	64.08%	−8.86%	−8.45%	12.35%	6.10%	22.47%	7
芜湖市	相关税收收入	298494	386204	481153	541327	548732	607474	612641	496575	2
	增长率	24.47%	29.38%	24.59%	12.51%	1.37%	10.71%	0.85%	14.84%	13
宣城市	相关税收收入	132220	229912	271728	300832	315444	293742	316919	265828	5
	增长率	14.99%	73.89%	18.19%	10.71%	4.86%	−6.88%	7.89%	17.66%	9
铜陵市	相关税收收入	81343	115612	117091	162974	155875	154793	149154	133835	15
	增长率	20.50%	42.13%	1.28%	39.19%	−4.36%	−0.69%	−3.64%	13.49%	15
池州市	相关税收收入	88898	142855	210435	196144	191668	153388	136117	159929	12
	增长率	47.62%	60.70%	47.31%	−6.79%	−2.28%	−19.97%	−11.26%	16.47%	11
安庆市	相关税收收入	119553	180061	185372	244594	222837	229453	217740	199944	9
	增长率	36.40%	50.61%	2.95%	31.95%	−8.90%	2.97%	−5.10%	15.84%	12
黄山市	相关税收收入	102841	120981	153987	164817	172572	181450	156044	150385	14
	增长率	45.38%	17.64%	27.28%	7.03%	4.71%	5.14%	−14.00%	13.31%	16

注：税收收入单位为万元，排名为平均值排名。

其一，合肥市与土地房产相关的税收收入绝对数额均值在统计年份中排名第一；增长率方面，相关税收收入增长率排名第十，在各地市中处于中下游的水平。另外，观察发现合肥市与土地房产相关的税收收入在2011—2017年，其绝对数额一直呈现上涨趋势。从2011年的603153万元，一直上涨至2017年的1080540万元，反映出近年来合肥市房地产市场热度较高。2017年合肥市与土地房产相关的税收收入合计为1080540万元，相比2016年增长27.31%，达到近八年来增长率最高，反映出合肥市经济趋好，房地产交易、建设较多，房地产投资比重偏高，尽管在控房价、限购的大背景下，房地产市场热度不减。

其二，阜阳市与土地房产相关的税收收入在绝对值规模上虽然不算突出，排名第六，处于中上游，但其增长率均值在安徽省各市内排名第一，从表中数据可以看出，阜阳市自2011年起，与土地房产相关的税收收入总值一直处于增长状态，2017年为447242万元，增长43.45%，为近八年来的最高增长率，反映出阜阳市近年来房地产土地力度较大，贸易比较繁荣。

（三）非税收入占收入比重情况

非税收入占收入比重为一个相对指标，非税收入的增加说明企业在除税以外的费用负担有所增加，非税收入的减少说明政府应该积极推进费改税，减税降费，优化除税收以外的费用机制，优化税收结构，税收质量有所改善。

表6-4反映的是2011—2017年安徽省各市非税收入占收入比重情况。具体分析有以下几点：

其一，相比2016年，大多数城市的非税收入占收入比重呈增长态势。

其二，从2011—2017年的平均值来看，合肥市表现较好，非税收入占收入比重最低为18.75%，在安徽省地市中占比排名第十六。黄山市非税收入总量总体呈逐年增加趋势，2017年非税收入最高，为380650万元，占收入比重的38.20%。

其三，2011—2017年黄山市非税收入占收入比重在27.83%～

50.63%的区间内波动，为高区间波动，平均值也位于安徽省各地市中的首位。2013 年相比 2012 年降低 5.99%，反映出良好的下降趋势。但随后的 2014—2016 年，非税收入占比连续四年上涨，2016 年非税收入占收入比重上升至 50.63%，相比 2015 年提高 3.35%，非税收入增长至 358360 万元。2017 年非税收入占比虽较 2016 年有所下降，但非税收入绝对值为 380650 万元，相对于 2016 年，仍上涨了 22290 万元。黄山市八年间，非税收入绝对数额上升较大，从 81215 万元上升至 380650 万元，涨幅超过 300%，由此可见，黄山市税收结构有待进一步改善，非税收入需进一步规范，税收质量有待进一步提高。

表 6-4　2011—2017 年安徽省各市非税收入占收入比重情况

地区	2011 年	2012 年	2013 年	2014 年	2015 年	2016 年	2017 年	平均值	排名
合肥市	18.90%	20.04%	18.72%	14.90%	19.35%	18.37%	20.95%	18.75%	16
淮北市	5.91%	17.77%	14.91%	14.69%	29.85%	32.93%	18.84%	19.27%	15
亳州市	22.74%	25.75%	22.38%	23.21%	23.49%	22.48%	22.53%	23.23%	13
宿州市	25.10%	29.86%	29.73%	29.39%	29.96%	37.90%	35.73%	31.10%	4
蚌埠市	25.72%	27.55%	26.79%	24.75%	25.02%	29.81%	37.28%	28.13%	10
阜阳市	19.06%	24.98%	23.52%	22.32%	27.41%	26.63%	23.16%	23.87%	12
淮南市	17.82%	29.52%	38.03%	22.12%	27.40%	34.85%	30.53%	28.61%	9
滁州市	26.67%	27.23%	28.57%	28.11%	31.69%	33.82%	35.90%	30.28%	6
六安市	24.77%	27.37%	27.38%	25.05%	27.79%	27.91%	26.22%	26.64%	11
马鞍山市	24.86%	42.68%	34.98%	23.04%	25.51%	32.93%	24.84%	29.83%	7
芜湖市	15.40%	19.33%	20.54%	20.97%	22.61%	31.80%	31.25%	23.13%	14
宣城市	21.58%	24.01%	27.16%	27.60%	30.96%	37.31%	34.71%	29.05%	8
铜陵市	26.83%	36.82%	33.00%	27.10%	27.63%	41.29%	38.68%	33.05%	3
池州市	35.78%	29.50%	28.89%	31.15%	35.36%	45.34%	46.49%	36.07%	2
安庆市	36.70%	32.92%	29.28%	24.29%	26.57%	36.50%	30.42%	30.95%	5
黄山市	27.83%	35.89%	29.90%	36.78%	39.09%	47.28%	50.63%	38.20%	1

注：排名为平均值排名。

二、理论税收收入实现程度排名

（一）税收宏观税负排名

笔者通过统计年鉴和安徽省地税局发布的数据，获得 2011—2017 年安徽省各市税收收入和生产总值，计算得出各市宏观税负及其增长率，并根据七年数据的平均值进行排名，见表 6-5 所列。

表 6-5 2011—2017 年安徽省各市宏观税负及其增长率排名

地区	指标	2011 年	2012 年	2013 年	2014 年	2015 年	2016 年	2017 年	平均值	排名
合肥市	宏观税负	7.55%	7.48%	7.61%	8.22%	8.14%	8.00%	7.40%	7.77%	4
	增长率	−7.89%	−0.93%	1.74%	8.02%	−0.97%	−1.72%	−7.50%	−1.32%	13
淮北市	宏观税负	6.46%	6.87%	6.04%	5.93%	5.56%	4.97%	5.32%	5.88%	12
	增长率	8.53%	6.35%	−12.08%	−1.82%	−6.24%	−10.61%	7.04%	−1.26%	12
亳州市	宏观税负	4.20%	4.95%	6.09%	6.32%	6.60%	6.45%	6.37%	5.85%	13
	增长率	22.35%	17.86%	23.03%	3.78%	4.43%	−2.27%	−1.24%	9.71%	1
宿州市	宏观税负	3.64%	4.09%	4.55%	4.76%	4.87%	4.39%	4.39%	4.38%	16
	增长率	24.54%	12.36%	11.25%	4.62%	2.31%	−9.86%	0.00%	6.46%	4
蚌埠市	宏观税负	5.84%	6.38%	6.49%	6.89%	7.16%	6.78%	5.71%	6.46%	10
	增长率	9.32%	9.25%	1.72%	6.16%	3.92%	−5.31%	−15.78%	1.33%	7
阜阳市	宏观税负	5.29%	5.40%	5.94%	6.76%	6.88%	6.98%	7.71%	6.42%	11
	增长率	15.62%	2.08%	10.00%	13.80%	1.78%	1.45%	10.46%	7.88%	2
淮南市	宏观税负	7.24%	7.83%	7.34%	6.43%	6.23%	6.59%	6.64%	6.90%	7
	增长率	−4.59%	8.15%	−6.26%	−12.40%	−3.11%	5.78%	0.76%	−1.67%	14
滁州市	宏观税负	6.37%	7.27%	7.35%	7.32%	7.52%	7.78%	7.29%	7.27%	6
	增长率	12.62%	14.13%	1.10%	−0.41%	2.73%	3.46%	−6.30%	3.90%	6
六安市	宏观税负	5.92%	6.17%	6.55%	7.29%	7.34%	6.39%	7.12%	6.68%	8
	增长率	31.59%	4.22%	6.16%	11.30%	0.69%	−12.94%	11.42%	7.49%	3
马鞍山市	宏观税负	6.00%	5.94%	7.48%	6.99%	7.14%	6.30%	6.08%	6.56%	9
	增长率	3.30%	−1.00%	25.93%	−6.55%	2.15%	−11.76%	−3.49%	1.22%	8
芜湖市	宏观税负	7.14%	7.70%	8.09%	7.99%	8.30%	7.55%	7.22%	7.71%	5
	增长率	−4.65%	7.84%	5.06%	−1.24%	3.88%	−9.04%	−4.37%	−0.36%	10
宣城市	宏观税负	7.98%	8.72%	9.24%	9.49%	9.35%	8.26%	7.87%	8.70%	1
	增长率	3.53%	9.27%	5.96%	2.71%	−1.48%	−11.66%	−4.72%	0.52%	9

（续表）

地区	指标	2011年	2012年	2013年	2014年	2015年	2016年	2017年	平均值	排名
铜陵市	宏观税负	4.55%	5.08%	5.02%	5.32%	5.30%	4.95%	4.23%	4.92%	15
	增长率	−17.89%	11.65%	−1.18%	5.98%	−0.38%	−6.60%	−14.55%	−3.28%	16
池州市	宏观税负	7.07%	8.84%	9.80%	9.11%	8.46%	6.63%	5.59%	7.93%	3
	增长率	8.44%	25.04%	10.86%	−7.04%	−7.14%	−21.63%	−15.69%	−1.02%	11
安庆市	宏观税负	4.30%	4.82%	5.59%	5.91%	5.52%	5.31%	4.93%	5.20%	14
	增长率	20.82%	12.09%	15.98%	5.72%	−6.60%	−3.80%	−7.16%	5.29%	5
黄山市	宏观税负	8.67%	8.50%	8.84%	8.47%	8.21%	6.93%	6.07%	7.96%	2
	增长率	18.38%	−1.96%	4.00%	−4.19%	−3.07%	−15.59%	−12.41%	−2.12%	15

注：宏观税负为地区税收收入占地区生产总值的比重，排名为平均值排名。

2011—2017年宣城市宏观税负平均值为8.70%，为全省最高，然后依次是黄山市、池州市、合肥市和芜湖市。税收与地区经济发展相辅相成，由于各地经济结构不同，经济发展水平不同，宏观税负也存较大差异。税负指标在地区之间缺乏可比性，所以重点从宏观税负变动率角度考察其对税收收入质量的反应。各市宏观税负变动率五年平均值前五是亳州市、阜阳市、六安市、宿州市和安庆市，其变动率分别为9.71%、7.88%、7.49%、6.46%和5.29%。从以上分析可以看出，地区宏观税负前五名大多集中在安徽省中偏南地区，而宏观税负变动率大多都集中在安徽中偏北地区。这说明：其一，皖南地区经济较发达，地区宏观税负较高，税收质量好，但税收收入质量提高速度偏弱于皖北地区。今后要加强税收管理理念、方式的创新，凭借互联网、大数据等提高税收效率，从而使税收质量不断提高。其二，皖北地区近七年宏观税负的变动率大，虽然税收总质量不如皖南地区，但近五年税收管理质量和效率不断提高，税收质量水平提升速度快。今后在抓经济发展的同时要不断借鉴发达地区的管理方式，与时俱进，从而不断提高本地区的税收质量水平。

从2017年安徽省各市宏观税负的横向比较来看，合肥、阜阳、滁州、六安、芜湖以及宣城等六个城市的宏观税负均达到7%以上，最高是宣城，为7.87%。增值税、所得税等税种所实施的优惠政策也是造成税收收入占GDP比重下降的重要原因。

（二）税收弹性系数排名

笔者通过安徽省统计年鉴和安徽省地税局发布的数据获得 2011—2017 年安徽省各市税收收入和生产总值，计算得出各市税收弹性系数，并根据七年数据平均值与弹性系数合理区间的中间值的距离进行排名，见表 6-6 所列。

表 6-6 2011—2017 年安徽省各市税收弹性系数排名

地区	2011 年	2012 年	2013 年	2014 年	2015 年	2016 年	2017 年	平均值	排名
合肥市	105.24%	92.62%	115.95%	183.31%	89.22%	81.92%	28.46%	99.53%	1
淮北市	150.20%	161.02%	7.51%	70.62%	−5984.51%	−119.41%	152.20%	−794.62%	15
亳州市	222.55%	243.75%	282.19%	150.93%	172.38%	76.19%	86.60%	176.37%	12
宿州市	229.19%	200.27%	205.27%	147.02%	130.07%	−15.15%	98.52%	142.17%	7
蚌埠市	151.41%	174.78%	111.74%	166.56%	149.29%	44.42%	−49.14%	107.01%	3
阜阳市	200.75%	119.26%	180.19%	283.67%	126.89%	116.49%	196.42%	174.81%	11
淮南市	182.15%	196.36%	−23.48%	622.39%	340.31%	188.03%	108.80%	230.65%	14
滁州市	169.15%	214.14%	108.68%	95.29%	139.13%	142.34%	44.38%	130.44%	6
六安市	167.10%	137.02%	159.99%	262.78%	117.23%	−56.14%	323.30%	158.75%	9
马鞍山市	223.21%	84.57%	1019.21%	−39.78%	190.10%	−36.25%	72.40%	216.21%	13
芜湖市	180.32%	168.51%	146.75%	85.99%	163.82%	−0.86%	51.48%	113.72%	5
宣城市	116.63%	181.09%	155.84%	134.88%	74.14%	−43.24%	56.94%	96.61%	2
铜陵市	117.37%	249.23%	83.48%	208.17%	18.01%	−39.59%	0.49%	91.02%	4
池州市	143.49%	333.39%	191.83%	18.31%	−40.93%	−187.71%	−178.21%	40.02%	10
安庆市	132.61%	217.29%	465.26%	171.46%	−45.39%	48.01%	31.09%	145.76%	8
黄山市	200.12%	81.79%	141.24%	42.19%	31.12%	−96.72%	−118.69%	40.15%	10

注：排名为平均值排名。

2017 年蚌埠市、池州市、黄山市三市地方税收出现了负增长，导致其弹性系数小于 0。一般认为弹性系数合理范围在 0.8～1.2 之间，仅有亳州、宣城、宿州三市位于该区间内，其他城市税收弹性系数均不在此范围内。六安、淮北、淮南、阜阳、马鞍山五市税收增速超经济增速，其他城市税收增速低于经济增速。安徽省各市地方税收收入和经济发展协调性较差。

从整体上看，安徽省各市税收弹性系数排名最好的是合肥市，其七年的平均值为0.9953，与经济学界认为的弹性系数合理区间0.8～1.2的中间值1接近程度较大。然后依次是宣城市、蚌埠市、铜陵市和芜湖市，距离合理区间中间值相差分别为0.03、0.07、0.09和0.14。从总体排名来看，皖南地区的大部分地级市排名靠前，说明皖南地区的税收弹性系数较好，税收与经济增长轨迹的偏差程度低，协调性高，皖南地区税收收入的质量较高。今后皖北地区要逐步调整税收政策，减少税收增长与经济增长轨迹的偏差，使得税收和经济增长相辅相成，税收收入质量也相应提高。

三、税收可持续增长能力的指标

税制改革的目标要求之一是逐步提高直接税收入比重，直接税的比重情况反映地区的税制结构和税源增长潜力。笔者通过安徽省统计年鉴和安徽省地税局发布的数据，获得2011—2017年安徽省各市企业所得税、个人所得税和税收收入，并用个人所得税和企业所得税代替直接税计算得出直接税收入占比及其变动率，并根据五年数据的平均值进行排名，见表6-7所列。

表6-7 2011—2017年安徽省直接税占比及其变动率排名

地区	指标	2011年	2012年	2013年	2014年	2015年	2016年	2017年	平均值	排名
合肥市	直接税占比	13.70%	13.49%	12.44%	12.86%	13.60%	14.11%	16.64%	13.83%	1
	变动率	9.76%	−1.58%	−7.75%	3.36%	5.79%	3.73%	17.95%	4.47%	1
淮北市	直接税占比	15.47%	15.92%	12.00%	7.68%	7.33%	7.72%	6.82%	10.42%	3
	变动率	22.03%	2.89%	−24.60%	−36.05%	−4.58%	5.35%	−11.75%	−6.67%	16
亳州市	直接税占比	6.96%	7.19%	6.60%	7.76%	8.15%	7.66%	9.69%	7.72%	14
	变动率	−7.13%	3.32%	−8.29%	17.72%	4.94%	−5.99%	26.46%	4.43%	3
宿州市	直接税占比	7.67%	7.20%	8.27%	9.60%	8.66%	7.74%	8.81%	8.28%	9
	变动率	13.01%	−6.12%	14.75%	16.18%	−9.82%	−10.57%	13.82%	4.46%	2

（续表）

地区	指标	2011 年	2012 年	2013 年	2014 年	2015 年	2016 年	2017 年	平均值	排名
蚌埠市	直接税占比	8.25%	7.76%	7.64%	7.77%	6.70%	6.73%	9.05%	7.70%	15
	变动率	5.75%	−5.95%	−1.55%	1.74%	−13.70%	0.39%	34.55%	3.03%	5
阜阳市	直接税占比	8.36%	9.51%	7.66%	7.02%	7.43%	7.53%	9.15%	8.09%	11
	变动率	10.53%	13.77%	−19.45%	−8.43%	5.87%	1.33%	21.55%	3.60%	4
淮南市	直接税占比	11.59%	9.98%	9.04%	9.12%	11.05%	8.76%	7.22%	9.54%	6
	变动率	32.73%	−13.92%	−9.36%	0.81%	21.24%	−20.73%	−17.52%	−0.96%	15
滁州市	直接税占比	9.81%	8.22%	8.33%	9.55%	8.98%	7.56%	8.95%	8.77%	8
	变动率	14.31%	−16.22%	1.37%	14.62%	−5.94%	−15.86%	18.41%	1.53%	12
六安市	直接税占比	9.90%	9.44%	8.95%	8.82%	7.96%	8.01%	9.10%	8.88%	7
	变动率	24.15%	−4.61%	−5.21%	−1.48%	−9.72%	0.58%	13.69%	2.48%	10
马鞍山市	直接税占比	8.75%	8.60%	6.74%	8.85%	8.06%	7.96%	8.67%	8.23%	10
	变动率	−10.67%	−1.72%	−21.58%	31.22%	−8.92%	−1.25%	8.89%	−0.58%	13
芜湖市	直接税占比	12.66%	11.92%	11.25%	11.66%	11.62%	10.51%	12.12%	11.68%	2
	变动率	−2.74%	−5.87%	−5.62%	3.68%	−0.37%	−9.51%	15.23%	−0.74%	14
宣城市	直接税占比	9.24%	7.70%	6.95%	7.75%	7.72%	7.57%	8.31%	7.89%	13
	变动率	25.94%	−16.63%	−9.77%	11.58%	−0.49%	−1.95%	9.84%	2.65%	9
铜陵市	直接税占比	9.80%	10.81%	10.88%	10.47%	9.20%	7.94%	10.31%	9.92%	4
	变动率	6.06%	10.32%	0.66%	−3.80%	−12.10%	−13.69%	29.84%	2.47%	11
池州市	直接税占比	8.46%	7.52%	5.56%	5.82%	5.81%	5.59%	8.10%	6.69%	16
	变动率	12.49%	−11.11%	−26.17%	4.83%	−0.22%	−3.77%	44.93%	3.00%	6
安庆市	直接税占比	9.34%	10.04%	10.53%	10.00%	8.98%	8.76%	10.24%	9.70%	5
	变动率	8.63%	7.57%	4.86%	−5.04%	−10.17%	−2.47%	16.91%	2.90%	7
黄山市	直接税占比	8.35%	9.34%	7.61%	7.22%	6.47%	6.98%	9.68%	7.95%	12
	变动率	−4.75%	11.81%	−18.55%	−5.05%	−10.43%	7.90%	38.60%	2.79%	8

2011—2017 年合肥市直接税占比的平均值为 13.83%，为全省最高，然后依次是芜湖市、淮北市、铜陵市和安庆市。从直接税占比的变动率来看，七年平均值的前五名为合肥市、宿州市、亳州市、阜阳

市和蚌埠市，其数值依次为 4.47%、4.46%、4.43%、3.60%和 3.30%。从直接税占比的变动率来看，没有明显的区域差别，但从总体直接税占比来看，和经济发达的东部地区相比，安徽省直接税占比还是维持在较低的水平。尤其是个人所得税占比水平更低，短期内大幅度提高个人所得税收入，仍有一定的难度。为了实现直接税占比提高、优化税收收入质量的目标，地方政府要积极落实和实施“营改增”政策。安徽各市要稳步提高直接税比重，优化税制结构，从而提高本地区整体的税收质量水平。

参考文献

[1] 李峰，闫自仁．农业供给侧结构性改革财政政策研究［J］．天津经济，2018（09）：34-38.

[2] 石建华．农业供给侧改革的财政支点［J］．新理财，2017（12）：80-82.

[3] 薛兆玲．我国生态农业发展的财政政策支持研究［J］．产业与科技论坛，2017，16（22）：33-34.

[4] 王广兵．浙江省建立绿色生态为导向的财政支农政策体系研究［J］．当代农村财经，2017（10）：2-9.

[5] 曹慧．农业领域推进政府和社会资本合作的态势与取向观察［J］．改革，2019（02）：64-73.

[6] 本报评论员．如何落实“在公共财政投入上优先保障”？［N］．农民日报，2019-01-11（001）．

[7] 唐灿琨．农村公共文化服务体系建设中的财政保障机制研究［D］．湘潭：湘潭大学，2018.

[8] 吴高，韦楠华．公共文化财政投入现状、问题及对策研究［J］．图书与情报，2018（2）：58-69.

[9] 沈锋．支持实施乡村振兴战略的财政投入保障制度研究［J］．当代农村财经，2018（12）：6-12.

[10] 刘艳．财政助力乡村振兴战略的路径研究［J］．现代管理科学，2018（9）：106-108.

[11] 温铁军．生态文明与比较视野下的乡村振兴战略［J］．上海大学学报（社会科学版），2018（1）：1-10.

[12] 李萍．促进广西实施乡村振兴战略的财政政策探讨［J］．财政监督，2018（24）：69-75.

[13] 冷忠燕，靳永翥．乡村振兴背景下农村公共服务供给机制的创新及实现路径研究——基于内生性供给的理论视角［J］．中共福建省委党校学报，2018（12）：61-70.

[14] 温涛，何茜．新时代中国乡村振兴战略实施的农村人力资本改造研究［J］．农村经济，2018（12）：100-107.

[15] 申学锋．财政支持乡村振兴关键在于观念创新［N］．经济日报，2018-11-13（15）．

[16] 闫坤．创新财政体制机制　助力乡村振兴［N］．经济日报，2018-7-26（15）．

[17] 谢亦欣．全面对标乡村振兴战略　深入推进农村综合改革——安徽省农村综合性改革的调查与思考［J］．农村经济与科技，2018（24）：195-198.

图书在版编目（CIP）数据

安徽财政发展研究报告 2019/储德银，罗鸣令著．—合肥：合肥工业大学出版社，2019.7

（安徽财经大学服务安徽经济社会发展系列研究报告 2019）

ISBN 978-7-5650-4554-7

Ⅰ.①安… Ⅱ.①储…②罗… Ⅲ.①地方财政—研究报告—安徽—2019 Ⅳ.①F812.754

中国版本图书馆 CIP 数据核字（2019）第 140867 号

安徽财政发展研究报告 2019

储德银　罗鸣令　著　　　　责任编辑　何恩情

出　版	合肥工业大学出版社	**版　次**	2019 年 7 月第 1 版
地　址	合肥市屯溪路 193 号	**印　次**	2019 年 7 月第 1 次印刷
邮　编	230009	**开　本**	710 毫米×1010 毫米　1/16
电　话	综合编辑部：0551-62903028	**印　张**	9.75
	市场营销部：0551-62903198	**字　数**	138 千字
网　址	www.hfutpress.com.cn	**印　刷**	合肥现代印务有限公司
E-mail	hfutpress@163.com	**发　行**	全国新华书店

ISBN 978-7-5650-4554-7　　　　**总定价：330.00 元**